Psycho-Tests

Gertrud Teusen

Psycho-Tests

Lust und Liebe · Glück und Erfolg · Job und Karriere

Bassermann

Inhalt

Einleitung

Glück & Erfolg

Freund & Feind

Lust & Liebe

Job & Karriere

Zu Risiken und Nebenwirkungen ...

Mal ganz unter uns: Sie mögen sie doch auch? Die Psychotests in Zeitschriften und all den bunten Blättern, die einen Zeitungskiosk bevölkern. Eigentlich finden Sie sie ja witzig und unterhaltsam, spannend, aufschlussreich und vor allem, man kommt ja immer so gut dabei weg. Mal ist man ein(e) aufregende(r) Liebhaber(in), mal ein Improvisationstalent, der geborene Single, der gute Freund/die gute Freundin. Natürlich ist „Mann" kein Macho und „Frau" kein Luder. Und die geheimsten erotischen Träume haben Sie sowieso noch nie zu träumen gewagt. Aber dank Test wissen Sie wenigstens, was Sie bislang verpasst haben.
Der einzige Haken, an den Zeitschriften-Tests: sie werden immer nur häppchenweise serviert – und man muss nehmen, was gerade kommt. In diesem Monat das Prädikat „Traumfrau/Traummann", in der nächsten Ausgabe lässt sich nur ernüchternd feststellen, dass man (zum Glück) noch kein Alkoholproblem hat. Dieses Buch ist deshalb eine echte Alternative. Testen Sie doch einfach, was Sie wollen. Heute sich selbst, morgen Ihren Umgang mit anderen, übermorgen Ihr Liebesleben und schließlich auch Ihre Chancen im Beruf. Test um Test zeigen sich viele schillernde Facetten der eigenen Persönlichkeit. Sie erfahren Dinge über sich selbst, von denen Sie noch nicht einmal geahnt haben, dass Sie dazu fähig sind.
In Psychotests werden all die harmlosen Fragen gestellt, die in der Summe der Antworten ein völlig neues Porträt der eigenen Person entwerfen. Das Gute daran, Sie müssen gar nicht lange grübeln, sondern nur spontan entscheiden, welche Aussage am ehesten auf Sie zutrifft. Und weil spontane

Antworten zumeist auf die momentane Stimmungslage zurückzuführen sind, muss man sie ja nicht gar so ernst nehmen. Zumindest die Ergebnisse nicht, die dem eigenen Selbstbild widerstreben. Getreu dem Aschenputtel-Prinzip: Die Guten ins Töpfchen, die Schlechten ins Kröpfchen.
Aber da gibt es natürlich noch die anderen Tester. Die, die schon mal einen Blick auf die Interpretationen werfen, um garantiert zu wissen, welchen Buchstabenwert, welches Symbol man ankreuzen muss, um am besten abzuschneiden. Aber das ist doch nicht wirklich befriedigend. Der Überraschungseffekt dieser Tests ist ja der halbe Spaß.
Zugegeben: Psychotests haben ein gewisses Suchtpotenzial. Wer einmal anfängt, der will mehr – immer mehr. Und für dieses Mehr ist dieses Buch gemacht. Hier kann man sich austoben oder besser gesagt austesten, und ankreuzen, was der Bleistift hergibt. Hier muss man nicht auf die richtige Dosis achten, hier darf man ohne schlechtes Gewissen testsüchtig sein. Deshalb sollten Sie zum Ausfüllen einen Bleistift verwenden: wegradieren, weitermachen, anders machen, neu machen!
Ungetrübt ist aber die Testfreude auch mit diesem Buch nicht. Denn so richtig Spaß macht das Ganze natürlich nur, wenn man die Tests für sich alleine hat. Die Erfahrung mit Zeitschriftentests zeigt, man hat sie nicht für sich alleine. Auch aus diesem Grund sollten Sie einen Bleistift benutzen. Denn wenn Sie die Kreuzchen der anderen sehen, dann blicken Sie mitunter in die Abgründe der menschlichen Natur. Oft stehen die Kreuzchen im krassen Widerspruch zum realen Verhalten. Ehekrisen und Freundschaftskonflikte nicht ausgeschlossen!
Die Analyse des Testverhaltens offenbart Tiefgründiges: Kreuzt man dies oder jenes an, um im Testergebnis besser dazustehen, als man ist? Ist alles Kalkül? Oder entspringen die Kreuze einer Laune?

Spontane Antworten sind die besten. Natürlich kann man nicht immer einen Volltreffer landen, aber zumeist findet sich doch ein Fünkchen Wahrheit in den Interpretationen – auch wenn's schmerzt.
Apropos „schmerzt": Zu den zahlreichen Tests in diesem Buch gibt es an vielen Stellen auch gleich noch ein „Extra-Zuckerl" für diejenigen, die vielleicht nicht ganz so glorreich abgeschnitten haben, wie erwartet.
Über Risiken und Nebenwirkungen von Psychotests haben Sie sich jetzt informiert und wenn Sie wollen, geht es jetzt los. Sollten Sie hier und da zu Ergebnissen gelangen, die Ihrer Persönlichkeit nicht entsprechen, grübeln Sie nicht allzu lange darüber nach, blättern Sie einfach weiter und machen Sie den nächsten Test. Schließlich müssen Sie nicht mehr bis nächste Woche warten, um mehr über sich zu erfahren.

Zum guten Schluss noch ein herzlicher Dank an meine Kollegin und Freundin Elke Opitz (für die Idee, dem E.O. Press Team für die unterstützende Recherche) und an meinen Mann, weil er bereitwillig das erste „Testopfer" war.

Gertrud Teusen — Aschheim, im März 2002

Wer bin ich? Wer möchte das nicht gerne wissen? Natürlich glaubt jeder sich selbst zu kennen. Doch vielleicht hält dieses erste Kapitel für Sie ja auch einige Neuigkeiten bereit. Lassen Sie sich überraschen und gehen Sie auf die Suche nach Ihrem wahren ICH. Die Tests werden Ihnen dabei helfen.

Glück & Erfolg

Welche Persönlichkeit steckt in Ihnen?

Großer Persönlichkeitstest

Wer bin ich?

Keine Frage, wenn es um uns selbst geht, sind wir alle Experten. Aber stimmt das wirklich? Nichts lässt sich schwieriger objektiv beurteilen als die eigene Person. Die eigene Persönlichkeit ist die Summe der Erfahrungen, die man im Laufe seines Lebens gemacht hat. Also, kommen Sie sich selbst ein bisschen näher und erfahren Sie, wer Sie wirklich sind.

Kreuzen Sie den zutreffenden Buchstaben im Lösungsstreifen an. Wenn nichts anderes dabei steht, ist nur eine Antwort möglich.

Teil 1

Ihr wahres Ich

1. Schließen Sie die Augen und stellen Sie sich einen strahlend blauen Himmel vor. Die Sonne scheint, sanfter Wind streicht über Ihr Gesicht. Welche Landschaft taucht unter diesem blauen Himmel vor Ihren Augen auf?

	+	+	+
▸ ein palmenbesäumter Strand und türkisblaues Meer	a		
▸ eine grüne Wiese		e	
▸ ein Meer von Sonnenblumen und Lavendel			b
▸ eine tief verschneite Berglandschaft	c		
▸ eine Wüstenlandschaft mit sanft geschwungenen Sanddünen		d	

2. Kreuzen Sie in dieser Checkliste zwei Eigenschaften an, die auf Sie zutreffen:

	+	+	+
▶ sensibel	c		
▶ zärtlich		b	
▶ praktisch			d
▶ lebhaft	a		
▶ intuitiv		a	
▶ romantisch			b
▶ geduldig	e		
▶ vernünftig		d	
▶ zuverlässig			e
▶ taktvoll	c		

3. Im Urlaub ist mir besonders wichtig, dass ich ...

	+	+	+
... spontan tun und lassen kann, was mir gefällt.	e		
... genügend Informationen habe und weiß, was mich erwartet.		c	
... schnell Kontakt mit anderen Menschen knüpfen kann.			a
... mich zurückziehen kann und ungestört bleibe.	b		
... etwas erleben, Neues lernen, beschäftigt sein kann.		d	

4. Welches dieser Muster gefällt Ihnen spontan am besten?

b) 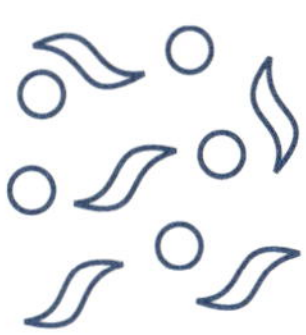

d) 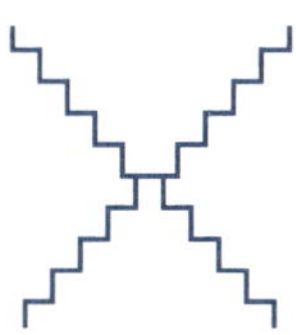

c) 

a) 

e) 

+	+	+
b	d	c
a	e	

5. **Sie sind auf dem Weg zu einer wichtigen Besprechung. Im Radio hören Sie Ihr Tageshoroskop, das Ihnen schwierige Verhandlungen vorhersagt. Was tun Sie?**

- Ich greife zum Telefon und sage die Verabredung mit einer Ausrede ab. — c
- An solche Vorhersagen glaube ich nicht. — d
- Wenn etwas passieren soll, passiert es. C`est la vie! — e
- Ich strenge mich doppelt an, um das Gespräch gut über die Bühne zu bringen. — a
- An Horoskopen nehme ich prinzipiell nur die guten Vorhersagen ernst. — b

6. **Schneewittchen – dieses Märchen kennen Sie bestimmt. Welche Szene hat bei Ihnen den größten Eindruck hinterlassen?**

- Als Schneewittchen mit dem Jäger allein im Wald ist und um ihr Leben bangt. — b
- Als Schneewittchen endlich das Haus der sieben Zwerge findet. — c
- Als Schneewittchen mit den Zwergen glücklich zusammenlebt. — d
- Als Schneewittchen der bösen Hexe begegnet und auf sie hereinfällt. — a
- Als Schneewittchen im gläsernen Sarg liegt und vom Prinzen wachgeküsst wird. — e

Teil 2

Ihr Verhältnis zum Beruf

	+	+	+
1. Bei meiner Arbeit und auch zu Hause kommt es mir hauptsächlich darauf an, ...			
... möglichst alles zu erledigen, was ich mir vorgenommen habe – egal, wie lange es dauert.	c		
... meine Schwerpunkte setzen zu können, ohne dass mir jemand reinredet.		e	
... zu einem selbst gewählten Zeitpunkt die Arbeit zu beenden.			a
... Ergebnisse vorweisen zu können, um dafür Anerkennung zu bekommen.	d		
... möglichst alles richtig zu machen, damit kein Grund zur Kritik besteht.		b	
2. Stress im Job, das Chaos regiert. Dann hilft es mir am meisten, wenn ...			
... es irgendwo in meiner Nähe einen ruhenden Pol gibt.	d		
... ich irgendwo mal richtig Dampf ablassen kann.		a	
... ich merke, dass auch andere mit anpacken und ich nicht allein verantwortlich bin.			b
... ich es durch gute Planung und Organisation allein schaffe.	e		
... mich die anderen in Ruhe lassen und ich mir selbst den Durchblick verschaffe.		c	
3. Sobald ich mich an feste Regeln halten muss, neige ich dazu, ...			
... sie zu brechen.	a		
... sie zu befolgen.		b	
... sie zu hinterfragen.			e
... sie auf Nützlichkeit zu prüfen.	c		
... sie zu verinnerlichen.		d	

4. **Hier sind fünf Arbeitsplatz-Konstellationen aufgezeichnet. Der Pfeil weist auf Ihren Arbeitsplatz hin. Welche sagt Ihnen am meisten zu?** + + +

b) 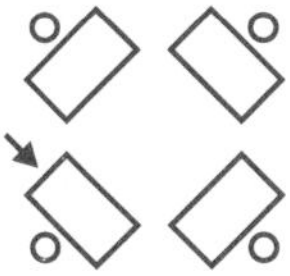 e) 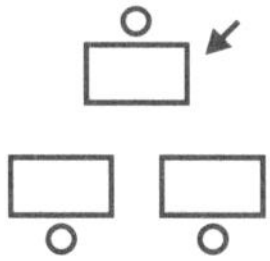 c) 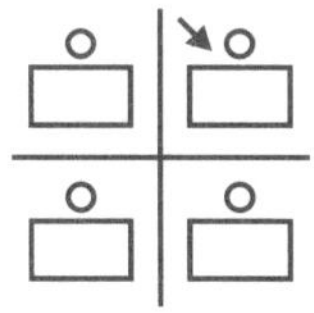 **b e c**

a)  d) 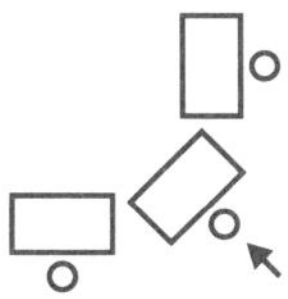 **a d**

5. **Stellen Sie sich vor, Sie wären im Zirkus. Dort werden verschiedene Tierdressuren vorgeführt. Pferde laufen im Kreis, Seehunde jonglieren Bälle, Affen spielen den Clown, Elefanten machen Männchen, Tiger springen durch brennende Reifen. Welches Tier wären Sie am liebsten?**

▶ ein Pferd, das im Kreis läuft	**b**		
▶ ein Seehund, der mit Bällen jongliert		**d**	
▶ ein Affe, der Späße macht			**a**
▶ ein Elefant, der Männchen macht	**e**		
▶ ein Tiger, der durch brennende Reifen springt		**c**	

Teil 3

Ihre Rolle in der Familie

1. Wenn Sie Kinder hätten (oder haben), möchten Sie ihnen etwas mit auf den Lebensweg geben. Was ist das?

	+	+	+
▸ Gib niemals deine Träume auf.	c		
▸ Wenn du sagst, was du willst, bekommst du es.		a	
▸ Wer sich feste Ziele setzt, kann sie erreichen.			d
▸ Was du nicht willst, das man dir tu', das füg' auch keinem andern zu.	b		
▸ Aus Fehlern wird man klug.		e	

2. Was bedeutet Glück für Sie?

	+	+	+
▸ Karriere	d		
▸ Kinder		b	
▸ ein schönes Zuhause			e
▸ Harmonie	c		
▸ Liebe		a	

3. Eine wichtige Entscheidung steht an. Bevor Sie sich entscheiden, ...

	+	+	+
... ziehen Sie sich zurück und überlegen genau.	e		
... fragen Sie Ihre Familie um Rat.		b	
... besprechen Sie alles mit einer Vertrauensperson.			c
... fragen Sie Ihren „Bauch".	a		
... wägen Sie alle Vor- und Nachteile ab.		d	

4. **Sie besuchen Ihre Eltern (Mutter oder Vater). Wie fühlen Sie sich, wenn Sie zur Tür hereinkommen. (Falls Sie keine Eltern mehr haben, versuchen Sie sich an früher zu erinnern.)**

	+	+	+
▶ Ich werde wieder zum Kind.	c		
▶ Ich freue mich sie zu sehen.		b	
▶ Ich weiß nicht, wie ich empfangen werde.			a
▶ Am liebsten würde ich umkehren, weil ich weiß, was kommt.	d		
▶ Ich freue mich auf darauf, in Erinnerungen zu schwelgen.		e	

5. **Versuchen Sie sich folgende fünf Bilder vorzustellen. Welches davon könnte symbolhaft für Ihre Familie stehen? Wählen Sie aus diesen Vorschlägen.**

	+	+	+
▶ eine Baumgruppe, die dicht beieinander steht	e		
▶ ein steiniger Weg mit vielen Unebenheiten		a	
▶ ein Berg mit steilem Anstieg			d
▶ ein Feld mit Sonnenblumen	b		
▶ ein festlich geschmückter Weihnachtsbaum		c	

Teil 4

Ihr Verhältnis zu Ihren Freunden

1. Mit welcher Comicfigur würden Sie sich gut verstehen?

	+	+	+
▶ mit Pink Panther (dem Rosaroten Panther)	c		
▶ mit Alf, dem Außerirdischen		a	
▶ mit Donald Duck			b
▶ mit Jerry, der Maus (aus Tom & Jerry)	e		
▶ mit Dagobert Duck		d	

2. Ihre Freunde möchten Sie einladen. Welches Ambiente würde Ihnen am meisten zusagen?

	+	+	+
▶ ein Nobelrestaurant	d		
▶ eine fetzige Party		a	
▶ ein gemütliches Essen zu Hause			b
▶ eine Überraschungsparty mit vielen alten Freunden	e		
▶ eine Grillparty mit Lagerfeuer		c	

3. Wenn Sie den Begriff „Freundschaft" bildhaft ausdrücken sollten, welche Symbolik würden Sie wählen? Der Pfeil weist auf Ihre Position hin.

c)
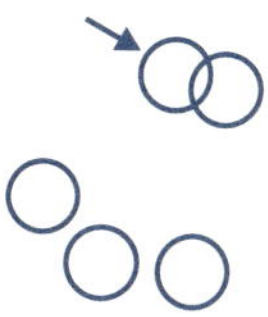

e)

a)
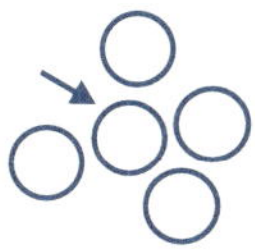

b)
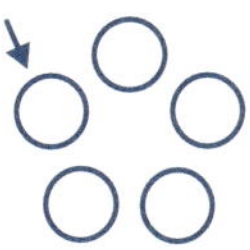

d)
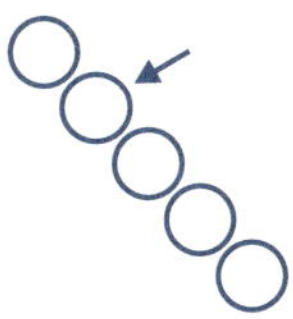

+	+	+
c	e	a
b	d	

4. Um eine enge Freundschaft aufzubauen, brauchen Sie die Gewissheit, dass ...	+	+	+
... Sie mit dem Menschen offen sprechen können.	c		
... Sie Ihre Freiräume behalten.		a	
... Sie nicht ausgenutzt werden.			e
... Sie auch unterschiedliche Meinungen offen ausdiskutieren können.	d		
... Sie so akzeptiert werden, wie Sie sind.		b	

5. Freunde sind wichtig. Besonders schätze ich an ihnen, ...	+	+	+
... dass ich mich jederzeit auf sie verlassen kann.	c		
... dass sie immer für Spässe zu haben sind.		a	
... dass sie auch mal Schwächen zeigen können.			b
... dass sie nicht nachtragend sind.	e		
... dass sie aus dem gleichen Holz geschnitzt sind wie ich.		d	

Teil 5

Ihre Position in der Partnerschaft

(Wenn Sie Single sind, formulieren Sie die Fragen: „Wenn ich einen Partner hätte, dann …")

1. Sie haben bereits geahnt, dass Ihr Mann (Ihre Frau) eine Affäre hat. Jetzt haben Sie einen Beweis. Was tun Sie?

	+	+	+
▶ Sie stellen ihn (sie) sofort zur Rede.	a		
▶ Sie weinen sich bei Ihrer Freundin/Ihrem Freund aus.		b	
▶ Sie bitten in aller Ruhe um ein Gespräch.			e
▶ Sie fragen sich, was Sie falsch gemacht haben.	c		
▶ Sie überlegen, was der (die) Partner(in) an dem (der) anderen findet.		d	

2. Ihr(e) Partner(in) wirft Ihnen zu Unrecht vor, etwas Wichtiges nicht erledigt zu haben. Wie reagieren Sie?

	+	+	+
▶ Ich warte ab, bis sich der Sturm gelegt hat.	e		
▶ Ich schreie zurück.		a	
▶ Ich beweise, dass er (sie) Unrecht hat.			d
▶ Ich berate mich mit einer Vertrauensperson.	b		
▶ Ich wende mich ab und bin beleidigt.		c	

3. Was mich an meinem(r) Partner(in) am meisten nervt, ist …

	+	+	+
… seine (ihre) Unfähigkeit mit Kritik umzugehen.	c		
… seine (ihre) Unfähigkeit Gefühle auszudrücken.		a	
… seine (ihre) Unfähigkeit Anerkennung zu äußern.			b
… seine (ihre) Unfähigkeit Gedanken verständlich zu formulieren.	d		
… seine (ihre) Unfähigkeit andere Meinungen gelten zu lassen.		e	

4. Wenn ich mich verliebt habe, möchte ich am liebsten ...

	+	+	+
... der ganzen Welt davon erzählen.	a		
... nur mit dem geliebten Menschen zusammensein.		e	
... allen Kummer ungeschehen machen.			b
... glückliche Momente mit Fotos festhalten.	d		
... auf eine einsame Insel ziehen.		c	

5. Stellen Sie sich vor, Sie könnten ein Instrument spielen. Welches möchten Sie am liebsten meisterhaft beherrschen?

	+	+	+
▸ Geige	c		
▸ Flöte		b	
▸ Trompete			a
▸ Kontrabass	e		
▸ Piano		d	

Auswertung & Interpretation

Zählen Sie zusammen, wie oft Sie welchen Buchstaben angekreuzt haben:

	a	b	c	d	e
Teil 1					
Teil 2					
Teil 3					
Teil 4					

Der höchste Buchstabenwert führt Sie zu der betreffenden Persönlichkeitsbeschreibung.
Haben Sie zwei Buchstabenwerte, die sehr nahe beieinander liegen, können beide Interpretationen für Sie gelten.
Sind alle Werte ziemlich gleich verteilt, müssen Sie ermitteln, wie sie sich in den einzelnen Test-Teilen (1 bis 4) zusammensetzen.

Lesen Sie dann unter den entsprechenden Stichwörtern (Ihr wahres Ich, Beruf, Familie etc.) in den unterschiedlichen Interpretationen nach.

Sie sind ein Power-Typ

Überwiegend a-Werte

Ihr wahres Ich: Sie besitzen ungemein viel Selbstvertrauen und Vitalität strahlt förmlich aus jeder Pore Ihres Körpers. Bei den meisten Menschen gelten Sie als draufgängerisch und direkt. Wenn Sie ein Ziel vor Augen haben, steuern Sie zielstrebig darauf los, ohne Rücksicht auf Verluste. Durch Ihre direkte Art stoßen Sie sanftmütige Naturen oftmals vor den Kopf. Geduld gehört nicht gerade zu Ihren Stärken und überlegtes Handeln kommt bei Ihrer spontanen Lebensweise leicht zu kurz.
Ihre Stärke: Spiel, Sport, Spass – Sie wissen, Ihre Mannschaft gewinnt. Man bewundert Ihre Kommunikationsfähigkeit und die Gabe, die unterschiedlichen Typen unter einen Hut zu bringen. Sie können hervorragend mit Menschen umgehen und sie motivieren.
Ihre Schwäche: Sie sind mitfühlend und haben ein Gespür für das Leid anderer Menschen. Aber hinter Ihrem Mitleid verbirgt sich eine gehörige Portion Arroganz. Sie glauben, wenn jemand nicht so gut ist wie Sie, ist er selbst dran schuld. Ihre eisenharte Einstellung zum Leben wird lediglich durch Ihren ungeheuren Charme wettgemacht.
Beruf: Sie brauchen viel Freiraum und sind eigentlich nur für leitende Positionen geeignet. Sie handeln zumeist „aus dem Bauch heraus" und dank Ihrer guten Intuition liegen Sie mit Entscheidungen meist richtig. Als angenehme(r) Kollege(in) gelten Sie allerdings nicht unbedingt.
Familie: Ihre Gefühle sind in diesem Bereich zwiespältig. Mal geht Ihnen die Familie über alles, dann wieder kann Ihnen der ganze Clan gestohlen bleiben. Ihre wechselhaften Gefühle führen oft zu schwierigen familiären Situationen.

Freunde: Wirklich gute Freunde haben Sie nur wenige. Sie fühlen sich in großer Gesellschaft wohl, stehen gern im Mittelpunkt. Im Grunde Ihres Herzens sind Sie jedoch ein Einzelgänger, auch wenn Sie das ad hoc nicht glauben wollen.
Partnerschaft: Dauerhafte Beziehungen gestalten sich bei Ihnen schwierig, obwohl Sie im Grunde Ihres Herzens nur eine(n) Partner(in) fürs Leben suchen. Aber es muss jemand sein, der aus demselben Holz geschnitzt ist wie Sie selbst.

Überwiegend b-Werte

Sie sind ein unverbesserlicher Optimist.

Ihr wahres Ich: Sie sind ein eher bescheidener Typ, der gern im Hintergrund seine Fäden zieht. Dass Sie selbst im Schatten stehen, kommt zumeist daher, dass Sie sich gern an starken Persönlichkeiten orientieren. Der Grund dafür ist eine tief sitzende Unsicherheit und die Angst, etwas falsch zu machen. Sie sind harmoniebedürftig und vermeiden Konflikte. Als Dank dafür, dass andere für Sie die Kastanien aus dem Feuer holen, vermitteln Sie eine warmherzige und liebevolle Atmosphäre. Ihr unerschütterlicher Optimismus führt Sie ziemlich unbeschadet durchs Leben. Sie sind der Typ „Sterntaler": Sie geben Ihr letztes Hemd für andere und warten auf die große Belohnung von höherer Stelle.
Ihre Stärken: In Ihnen steckt mehr als Sie glauben. Sie verfügen über Wissen und Kreativität, haben Ideen und Träume. Zusammen mit Ihrem Einfühlungsvermögen und Ihrer Fähigkeit anderen zuzuhören, lässt sich daraus viel machen! Ein bisschen mehr Mut braucht es allerdings schon.
Ihre Schwächen: Für Sie ist das Leben leichter, wenn andere für Sie entscheiden. Aus Dankbarkeit folgen Sie dann dem vorgezeichneten Weg. Wenn trotzdem mal was schief läuft, suchen Sie die Schuld immer zuerst bei sich selbst. Gefühlsmäßiger Stress ist vorprogrammiert.
Beruf: Sie sind ein guter Teamarbeiter/eine gute Teamarbeiterin und ein beliebter Kollege/eine beliebte Kollegin. Was Sie machen, machen Sie gut – doch Verantwortung dafür möch-

ten Sie lieber nicht übernehmen. Am liebsten arbeiten Sie mit Menschen, Helfen ist Ihr Metier.
Familie: Die Familie ist Ihr größtes Hobby. Sie wollen unbedingt Kinder (und vielleicht haben Sie die ja schon). Als Mutter oder Vater verwöhnen Sie den Nachwuchs nach Strich und Faden – auch wenn Sie selbst dabei vielleicht zu kurz kommen.
Freunde: Sie haben viele Freunde, aber es kostet Sie viel Energie und Kraft, diesem Kreis von lieben Menschen immer gerecht zu werden. Sie gelten als herzlich und charmant, sind gut im Zuhören und Aufmuntern.
Partnerschaft: Sie sind ein romantischer Typ, der noch an ewige Treue und Liebe glaubt. Als Frau suchen Sie eine starke Schulter zum Anlehnen, als Mann eine Partnerin, bei der Sie sich fallen lassen können.

Sie sind ein sensibler Genießer.

Überwiegend c-Werte

Ihr wahres Ich: Es gibt Menschen, die ruhen in sich selbst – und genau so ein Typ sind Sie. Feinfühlig und sensibel betrachten Sie die Welt ringsum. Sie sind sich sicher, alles im Griff zu behalten, wenn man Sie nur machen lässt. Ihr Gespür für Details und Zwischentöne erlaubt es Ihnen, die schönen Dinge des Lebens – Essen, Liebe, Musik – in allen Nuancen wahrzunehmen und zu genießen.
Ihre Stärken: Sie verfügen über eine große Sensibilität. Das bedeutet, Sie können Situationen auf einen Blick erfassen und richtig interpretieren. Manche vermuten, Sie hätten gar übersinnliche Fähigkeiten, dabei ist es vor allem Ihre gut ausgeprägte Intuition, die Sie instinktiv das Richtige tun lässt.
Ihre Schwächen: Sie lieben Heile-Welt-Geschichten und gehen dementsprechend sorglos durch den Tag. Weil Sie an das Gute im Menschen glauben, werden Sie häufig enttäuscht. Seien Sie etwas kritischer.
Beruf: Sie arbeiten gerne selbstständig und erzielen die besten Ergebnisse immer dann, wenn Sie dem eigenen Rhythmus und Plan folgen dürfen. Im Job neigen Sie allerdings dazu, sich oft

ein bisschen zu viel vorzunehmen. Sie haben einen gewissen Hang zum Perfektionismus.

Familie: Die Familie ist für Sie gleichbedeutend mit Geborgenheit. Sie sind gern mit Ihren Lieben zusammen. Ihre Intuition lässt Sie spüren, was jeden Einzelnen bewegt, lange bevor der sich vielleicht dieses Problems überhaupt bewusst wird. Verlassen sich aber alle zu sehr auf Sie, fühlen Sie sich überfordert.

Freunde: Wer von Ihnen als Freund(in) bezeichnet wird, kann sich wahrlich etwas darauf einbilden. Es gibt nicht viele Menschen, die – in ihren Augen – dieses Prädikat verdienen. Sie brauchen viel Zeit, um mit anderen Menschen warm zu werden und mancher hält Sie deshalb für kühl und arrogant. Dabei ist es eher der Versuch, die eigene Schüchternheit zu kaschieren.

Partnerschaft: In einer wirklich guten Partnerschaft versteht man sich ohne Worte – glauben Sie. Manchmal ist das natürlich ein bisschen viel verlangt, doch eine gewisse Seelenverwandtschaft ist für Sie ein Muss, um zu zweit glücklich zu sein.

Sie sind ein wahrer Vernunftmensch!

Überwiegend d-Werte

Ihr wahres Ich: Die drei Säulen Ihres persönlichen Erfolges heißen Willensstärke, Beharrlichkeit und praktisches Denken. Sie haben ein gutes Gespür für richtige Entscheidungen und mit einem starkem Willen erreichen Sie alles, was Sie wollen. Auf Risiken können Sie gut verzichten und gehen deshalb in allen Lebensbereichen gern auf Nummer sicher. Bislang kamen Sie damit ganz gut durchs Leben – nur manchmal beschleicht Sie der Gedanke, dass ein bisschen Unvernunft vielleicht ganz spannend sein kann.

Ihre Stärken: Sie sind absolut zuverlässig, loyal und gerecht. Das kostet Sie viel Kraft, doch die zu investieren sind Sie gerne bereit, wenn hinterher Anerkennung winkt.

Ihre Schwächen: Ihre superkorrekte Art durchs Leben zu gehen, wirkt auf manche humorlos und pingelig. Turbulenzen schätzen Sie nicht. Ihr Motto: Lieber den Spatz in der Hand, als die Taube auf dem Dach.

Beruf: Sie sind ein toller Teamarbeiter/eine tolle Teamarbeiterin, der/die sich streng an Regeln und Vorgaben hält. Doch wenn man so superkorrekt sein will, setzt man sich auch schnell selbst unter Druck. Allzu oft identifizieren Sie sich zu sehr mit der Firma oder einer Aufgabe. Und das wird ausgenutzt.

Familie: Ihre Familie sehen Sie als stützenden Hintergrund. Sie ist Kraftquelle und Motivation. Gerne würden Sie mehr Zeit dafür erübrigen. Anders ist es allerdings, wenn Familie und Haushalt zu Ihrem Lebensinhalt geworden sind. Dann setzen Sie alles daran, dem Partner in dieser Hinsicht den Rücken freizuhalten.

Freunde: Sie suchen zumeist Gleichgesinnte für Ihren Freundeskreis. Über die reine menschliche Zuneigung hinaus verbinden Sie gemeinsame Arbeit oder gleiche Hobbys. So ist sichergestellt, dass der Gesprächsstoff nie ausgeht.

Partnerschaft: „Gleich und gleich gesellt sich gern", könnte das Motto Ihrer Partnerwahl sein. Sie brauchen einen Lebensgefährten/eine Lebensgefährtin, der/die Ihnen ähnlich ist und mit gleichen Ambitionen durchs Leben gehen möchte. Echte Zweisamkeit basiert auf Gleichberechtigung und gegenseitiger Unterstützung.

Sie sind ein kluger Bezwinger!

Überwiegend e-Werte

Ihr wahres Ich: Sie sind ein guter Zuhörer. Mit Geduld und Feingefühl gehen Sie auf Ihre Mitmenschen ein. Wenn Sie etwas sagen, dann ist es stets wohl überlegt und gut durchdacht. Das klingt nach einem tollen Typ, der alles im Griff hat. Im Prinzip stimmt das auch, doch manchmal geben Sie sich selbstsicherer, als Sie eigentlich sind. So souverän, wie Sie sich gerne geben, sind Sie nämlich nicht. Im Gegenteil, hinter der klugen Überlegtheit verbirgt sich oft eine verletzbare Seele. Werden Sie verletzt, dann sind Sie nachtragend wie ein Elefant (der vergisst auch nie etwas).

Ihre Stärken: Sie sind mitfühlend – und können das auch vermitteln. Bei Ihnen fühlt man sich mit seinen Sorgen einfach gut aufgehoben. Was Sie vermitteln, kann man so auf den Punkt bringen: Geteiltes Leid ist halbes Leid, geteilte Freude ist doppelte Freude.

Ihre Schwächen: Sie lieben Happy Ends und sind deshalb manchmal nicht flexibel genug, auf veränderte Umstände entsprechend zu reagieren. Wenn sich etwas nicht nach Plan entwickelt, werfen Sie schnell die Flinte ins Korn – und sind beleidigt.

Beruf: Sie sind gerne der Boss, geben Sie es ruhig zu. Der Umgang mit Autoritäten ist nicht Ihr Ding. Sie arbeiten lieber allein, als mit anderen zusammen. Sie haben Ihr eigenes Tempo und sind für Ihre Gründlichkeit bekannt.

Familie: Sie sind der geborene Clanleader. Sobald Probleme auftauchen, setzen Sie alles daran, diese gemeinsam zu lösen. Wird Ihre Funktion als Leittier von den anderen nicht als natürlich akzeptiert, ziehen Sie sich zu schnell beleidigt zurück. Wenn Sie aber gebraucht werden, sind Sie schnell zur Stelle. Sind Sie Single, schätzt man Sie als Einzelgänger ein.

Freunde: Wirkliche Freunde haben Sie nur wenige, doch die schon sehr lange. Mit lockeren Kontakten tun Sie sich eher schwer, Sie gelten als still und schüchtern. Ihr Vertrauen muss man sich erst erarbeiten, dann jedoch darf man von Ihrer überlegten Art profitieren.

Partnerschaft: Sie sind treu und liebevoll. In vielerlei Hinsicht verbinden Sie mit einer Beziehung ziemlich altmodische Vorstellungen, aber das muss ja nicht negativ sein. Ihr Partner kann immer voll auf Sie zählen, nur wer das nicht zu schätzen weiß, fühlt sich leicht bevormundet.

Test

Haben Sie Talent zum Glücklichsein?

Wer kennt sie nicht, die ewig gut gelaunten Menschen, denen scheinbar alles gelingt. Ganz im Gegenteil dazu die Pechvögel: alles, was sie anfassen, scheint zum Scheitern verurteilt. Und wie ist das mit Ihnen? Haben Sie Talent zum Glücklichsein?

Notieren Sie Ihre Antworten im Lösungsstreifen.

1. Sie träumen von einem Urlaub in exotischen Gefilden, aber Ihr Kontostand spricht dagegen. Was tun Sie?

a) Wozu habe ich eine Kreditkarte? Man lebt nur einmal.
b) Ich suche mir ein Reiseziel, das zu meinem Kontostand passt.
c) Ich stelle mir einen Sparplan auf.
d) Ich versuche mich davon zu überzeugen, dass es zu Hause am schönsten ist.

2. Ein Freund/eine Freundin sagt kurzfristig ein Date ab, das lange ausgemacht war. Wie reagieren Sie?

a) Ich bin richtig sauer.
b) Ich unternehme etwas Schönes allein.
c) Ich versuche Sie doch noch zu überreden.
d) Ich versuche eine Alternative zu finden. Lesen? Fernsehen?

3. Von was hätten Sie am liebsten mehr?

a) Zeit
b) Geld
c) Liebe
d) Spaß

+	+	+
a		
	b	
		c
d		
a		
	b	
		c
d		
a		
	b	
		c
d		

4. **Bewerten Sie folgende Lebensbereiche danach, wie Sie damit zufrieden sind!**
„sehr zufrieden" = 4 Punkte;
„zufrieden" = 3 Punkte;
„könnte besser sein" = 2 Punkte;
„schlecht" = 1 Punkt

- Liebesleben ( ) Punkte
- Karriere ( ) Punkte
- Freundschaften ( ) Punkte
- Familie ( ) Punkte
- Geld ( ) Punkte
- Gesundheit ( ) Punkte
- Freizeit ( ) Punkte zusammen: .... Punkte

+	+	+

5. **Wie klingt Ihr Lachen?**

a) ziemlich laut und schallend — a
b) leise kichernd — b
c) prustend, als ob ich gekitzelt würde — c
d) eher gackernd — d

6. **Jemand hat Ihnen ziemlich übel mitgespielt. Sie sind richtig wütend. Wie zeigen Sie Ihre Wut?**

a) Ich reagiere sofort und heftig. — a
b) Ich werde meinerseits verletzend. — b
c) Ich fresse die Wut in mich hinein. — c
d) Für Wutausbrüche habe ich keine Kraft. — d

7. **Sie liegen am Sonntagmorgen verträumt im Bett, da klingelt das Telefon. Ein(e) Freund(in) lädt Sie zu einem Ausflug ein. Ihre spontane Reaktion ...**

a) Na ja, äh, wo soll es denn hingehen .... — a
b) Bin in fünf Minuten fertig! — b
c) Oh, im Bett ist es gerade so gemütlich ... — c
d) Super, aber ob das Wetter mitspielt ... — d

8. Welche dieser vier Definitionen von „Glück" gefällt Ihnen am besten?

	+	+	+
a) Glück ist etwas, was man hat – oder auch nicht.	a		
b) Glück ist die Summe vieler kleiner Glücksmomente.		b	
c) Glück ist etwas, das man sich verdienen muss.			c
d) Glück ist ein Geschenk.	d		

9. Jemand schenkt Ihnen 10 000 Euro unter der Bedingung, sie innerhalb einer Stunde auszugeben. Worin investieren Sie?

a) Ich buche eine Weltreise.	a		
b) Ich überlege, wem ich es spenden könnte.		b	
c) Ich gehe ins nächste Kaufhaus und kaufe, kaufe, kaufe ...			c
d) So viel Geld? Ich weiß nicht ...	d		

10. Bewerten Sie die folgenden Aussagen.

	ja	nein	weiß nicht
a) Ich bin der geborene Optimist.			
b) Ich habe mein Leben im Griff.			
c) Ohne Schweiß kein Preis.			
d) Ich bin entweder himmelhoch jauzend oder zu Tode betrübt.			
e) Ich würde mein Leben gern verändern.			
f) Ich habe stressbedingte Gesundheitsprobleme.			
g) Ich frage mich oft, ob ich glücklich bin.			
h) Ich leide unter Ängsten.			
i) Wenn ich Erfolg habe, ist es Glück oder Zufall.			
j) Ich lebe für den Augenblick.			

11. Was haben Sie in den letzten zwei Jahren NICHT gemacht? Mehrfachnennungen sind möglich.

a) ein neues Hobby entdeckt
b) bewusst Veränderungen in meinem Leben herbeigeführt (neuer Job, neue Wohnung, neuer Partner ...)
c) ein neues Urlaubsziel gewählt
d) mich für eine gute Sache engagiert
e) eine neue Freundschaft geschlossen.
f) etwas ausprobiert, das ich noch nie gemacht habe.
(Wenn Sie hier nichts ankreuzen können, ist das auch okay.)

+	+	+
a		
	b	
		c
d		
	e	
		f

Auswertung & Interpretation

Ermitteln Sie anhand dieser Bewertungstabelle Ihre Punkte zu den Fragen 1 bis 3, sowie 5 bis 9:

	1	2	3	5	6	7	8	9
a	4	2	3	3	4	3	2	4
b	1	4	2	1	3	4	4	2
c	2	3	1	2	2	1	3	3
d	3	1	4	4	1	2	1	1

Auswertung zu Frage 10:

	a	b	c	d	e	f	g	h	i	j
ja	3	3	1	4	3	1	2	1	1	4
nein	1	1	3	2	1	3	3	3	3	3
weiß nicht	2	2	2	1	2	2	4	2	2	1

Addieren Sie Ihre Punkte aus den beiden Bewertungstabellen zu allen Punkten, die Sie für Frage 4 erhalten haben.
Für jedes Kreuzchen, dass Sie zu Frage 11 gemacht haben, gibt es 1 Punkt Abzug.

Ihr Endergebnis: Punkte

Sie sind ein wahres Glückskind!

Mehr als 66 Punkte

Sie leben für den Augenblick und ergreifen Ihr Glück, wo es sich Ihnen bietet. Sie gehören zu den Menschen, denen scheinbar alles mit Leichtigkeit gelingt. Dass Sie Talent zum Glücklichsein besitzen, steht außer Frage. Es gibt wenige Dinge, die Sie in negative Stimmung versetzen können. Zumeist nehmen Sie Probleme leicht und genießen dafür um so mehr die Momente des Glücks. Haben Sie zwischen 66 und 80 Punkten erreicht, leben Sie wahrscheinlich nach der Devise: Jeder ist seines Glückes Schmied. Je höher Ihre Punktzahl ist, desto größer ist Ihre Erwartungshaltung an das Leben. Sie wollen alles und was Sie bekommen, ist Ihnen dann nicht genug. Schade!

Bedenken raus, Spontaneität rein!

Zwischen 35 und 65 Punkte

Wahrscheinlich sind Sie überrascht, bei diesem Test „nur" im Mittelfeld gelandet zu sein. Eigentlich sind Sie nämlich zum Glücklichsein geboren und doch lassen Sie sich durch äußere Umstände und innere Zwänge so manchen Glücksmoment entgehen. Vielleicht haben Sie in der Vergangenheit öfter die Erfahrung gemacht, dass spontanes Handeln sich nicht immer auszahlt. Doch zum Glücklichsein gehört auch Mut – und daran mangelt es Ihnen augenblicklich. Konzentrieren Sie sich in Zukunft mehr auf Ihre eigenen Interessen und entscheiden Sie spontan, was Sie gerade glücklich macht.

Endlich Schluss mit den Schuldgefühlen!

Weniger als 34 Punkte

Glauben Sie wirklich, Ihr Leben steht unter keinem guten Stern? Schade, denn durch Ihre vielen „Wenn" und „Aber" verbauen Sie sich selbst den Blick in eine glückliche Zukunft. Um richtig glücklich zu sein, müssten Sie schon ein bisschen mehr aus Ihrem Schneckenhaus herauskommen. Tief in Ihrem Innern scheinen Sie zu glauben, dass Sie wahres Glück gar nicht verdient haben. Legen Sie Ihre ewigen Schuldgefühle endlich ad acta und genießen Sie den Augenblick. Denn Glück kann man lernen, fangen Sie am besten gleich damit an.

Test

Ist es Zeit für eine Veränderung in Ihrem Leben?

Die Beziehung ist zur Routine geworden, die Kinder fordern viel und geben wenig, der Job bietet keine Perspektive mehr – und Sie machen einfach weiter. Vielleicht ist es Zeit für eine Veränderung in Ihrem Leben. Finden Sie es heraus!

Kreuzen Sie im Lösungsstreifen an, was auf Sie zutrifft.

Teil A

	+	+	+
Fühlen Sie sich gesund?			
▶ Ich fühle mich prächtig.	1		
▶ Ich habe hin und wieder Kopfschmerzen (Magenschmerzen).		2	
▶ Ich war länger krank oder leide an einer chronischen Krankheit.			3
Schauen Sie in den Spiegel. Wie sieht Ihre Augenpartie aus?			
▶ ganz normal	2		
▶ ziemlich verkniffen		3	
▶ Ich habe viele kleine Lachfältchen.			1
Jeder Mensch hat kleine Laster. Kreuzen Sie alles an, was auf Sie zutrifft.			
▶ Ich trinke gern mal ein/zwei Gläschen.	2		
▶ Ich rauche mehr als fünf Zigaretten täglich.		1	
▶ Ich habe Übergewicht.			2
▶ Ich esse für mein Leben gern Süßes, vor allem, wenn ich traurig bin.	2		
▶ Ich finde nichts, was auf mich zutrifft.		1	

Teil A

Wie sehen Sie Ihr Umfeld?

	+	+	+
▶ Ich habe viele Freunde und fühle mich wohl.	1		
▶ Ich wünsche mir mehr richtige Freunde.		2	
▶ Es fällt mir schwer, neue Kontakte zu knüpfen.			3

Wie steht's mit der Liebe?

	+	+	+
▶ Meine Beziehung ist nicht mehr das, was sie mal war. Oder: Ich leide, weil ich solo bin.	3		
▶ Meine Beziehung ist okay, etwas mehr Spannung könnte nicht schaden.		2	
▶ Ich bin rundum glücklich (als Single oder in der Beziehung).			1

Welche Gefühle bestimmen Ihren Alltag? Kreuzen Sie alles an, was auf Sie zutrifft!

	+	+	+
▶ Gereiztheit	2		
▶ Müdigkeit		2	
▶ Überforderung			2
▶ Erschöpfung	2		
▶ Nichts davon trifft auf mich zu.		1	

Wie schlafen Sie?

	+	+	+
▶ Ich schlafe wie ein Murmeltier.	1		
▶ Ich schlafe nicht immer so gut, wie ich es mir wünsche.		2	
▶ Ich habe Schlafprobleme (beim Einschlafen, Albträume, nächtliches Wachliegen etc.)			3

Wenn Sie hier und jetzt die Chance bekämen, Ihr Leben zu verändern, würden Sie die Chance nutzen?

	+	+	+
▶ Sofort, egal, was es ist.	3		
▶ Erst mal gucken, was es bringt.		2	
▶ Ich habe (fast) alles, was ich will.			1

Welches dieser drei Verkehrsschilder passt am besten zu Ihrer derzeitigen Situation (beruflich oder privat)?

1 

2 

3 

+	+	+
1	2	3

Sehen Sie sich diese drei Pfeilbilder an und beurteilen Sie spontan, welches Ihre Beziehung zum Partner/zur Partnerin am ehesten charakterisiert!

1 

3 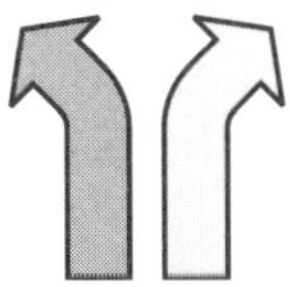

2 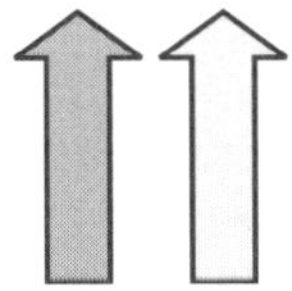

+	+	+
1	3	2

Wie empfinden Sie Ihre Tätigkeit (im Job oder zu Hause)?

- Ich fühle mich unterfordert. — 2
- Mir gefällt, was ich tue. — 1
- In meiner Tätigkeit fehlt mir oft der Sinn. — 3

	+	+	+
Ich fühle mich unterfordert.	2		
Mir gefällt, was ich tue.		1	
In meiner Tätigkeit fehlt mir oft der Sinn.			3

Wenn Sie die letzten drei Jahre betrachten, wie sollte Ihre Zukunft aussehen?

	+	+	+
Es kann so bleiben, wie es ist.	1		
Na ja, ein bisschen was dürfte sich schon verändern.		2	
Alles soll anders werden!			3

Teil B

	+	+	+
Was ist aus Ihren letzten drei Vorsätzen geworden?			
▶ Ich habe zwei bis drei verwirklicht.	a		
▶ Ich habe nur einen in die Tat umgesetzt.		b	
▶ Ich halte nie durch, wenn ich mir etwas vornehme.			c
Wie würde Ihr Umfeld reagieren, wenn Sie Ihr Leben umkrempelten?			
▶ Ich weiß nicht, ob es überhaupt einer bemerken würde.	b		
▶ Ich denke, sie würden mich unterstützen.		a	
▶ Sie würden versuchen es mir auszureden.			c
Wie wichtig ist es Ihnen, Ihr Leben zu verändern?			
▶ Es ist nicht so wichtig.	c		
▶ Eine Veränderung ist mir sehr wichtig.		a	
▶ Ab und zu denke ich an diese Möglichkeit.			b
Mit welchen der folgenden Attribute können Sie sich am meisten identifizieren?			
▶ freundlich, zuverlässig, rücksichtvoll	c		
▶ selbstständig, aktiv, spontan		a	
▶ optimistisch, aufgeschlossen, begeisterungsfähig			b
Welche Pluspunkte treffen auf Sie zu? Sie dürfen mehrere ankreuzen.			
▶ Ich habe einen großen Freundeskreis und verdiene mein eigenes Geld.	a		
▶ Ich bin gesund und zufrieden.		b	
▶ Keine Aussage trifft auf mich zu.			c

Auswertung

Zählen Sie Ihre Punktwerte aus Teil A des Tests zusammen.

Ihr Ergebnis aus Teil A: _______ **Punkte**

Ihr Ergebnis zeigt, ob Veränderungen in Ihrem Leben notwendig sind. Nun schauen Sie, wie oft Sie im Teil B des Tests folgende Buchstaben angekreuzt haben:

	a	b	c
Teil B			

Ihre Buchstabenwerte weisen darauf hin, ob Sie die notwendige Kraft haben, Veränderungen in Gang zu setzen und durchzuhalten. Dabei steht a für „viel Power", b für „gezielten Krafteinsatz" und c für „sehr begrenzte Kraftreserven".

Werden Sie egoistischer!

Mehr als 36 Punkte

In Ihrem Leben schreit alles nach Veränderung. Im Laufe der Zeit haben Sie sich völlig zurückgenommen und richten sich fast ausschließlich nach den Wünschen und Meinungen anderer. So kann es nicht weitergehen und das wissen Sie selbst ganz genau. Es gehört allerdings ein gewisses Quantum an Mut und Egoismus dazu, um notwendige Veränderungen herbeizuführen. Fürchten Sie nicht, Ihre Mitmenschen vor den Kopf zu stoßen. Viel zu lange stehen Sie schon im Schatten, jetzt ist es Zeit, an sich selbst zu denken.

Haben Sie die Kraft für notwendige Veränderungen?

Mehr als 3-mal a

Aus der Verzweiflung entstehen oft ungeahnte Kräfte. Sie haben die Power Veränderungen jetzt und gleich durchzuziehen.

Mehr als 3-mal b

Kraft haben Sie genug, doch besitzen Sie auch die Ausdauer, anstehende Veränderungen durchzuziehen? Lassen Sie es langsam angehen.

Ihre Energie tendiert gegen null, deshalb ist an schnelle Veränderung nicht zu denken. Wählen Sie den Weg der kleinen Schritte, um ans Ziel zu kommen.	**Mehr als 3-mal c**

Riskieren Sie ein bisschen mehr!

Im Prinzip sind Sie mit Ihrem Leben ganz zufrieden. Doch Zufriedenheit kann Glück auf Dauer nicht ersetzen. Vieles fangen Sie an und bringen es nicht zu Ende. Wahrscheinlich fehlt Ihnen der nötige Mut, auch einmal konsequent an den eigenen Vorteil zu denken. Ihr Leben ist bequem und praktisch, Sie wollen das Erreichte nicht durch leichtsinnige Manöver aufs Spiel setzen. Zeigen Sie mehr Mut zum Risiko, sonst könnte es passieren, dass Sie irgendwann vielen verpassten Gelegenheiten hinterher weinen.	**Zwischen 35 und 26 Punkte**

Reicht Ihre Power für wichtige Veränderungen?

Sie haben die nötige Kraft, wichtige Veränderungen in Gang zu setzen. Warum zögern Sie noch?	**Mehr als 3-mal a**
Nur keine Angst! Veränderungen müssen nicht das Ende Ihrer Glückssträhne bedeuten. Sie haben genügend Reserven, um Ihre eigenen Vorstellungen durchzusetzen.	**Mehr als 3-mal b**
Mit Ihrer gegenwärtigen Situation sind Sie zufrieden? Dann lassen Sie es dabei. Momentan sind Sie zu ausgepowert, um Erneuerungen konsequent durchzuziehen.	**Mehr als 3-mal c**

Sie sind rundum zufrieden!

Sie wissen ziemlich genau, wo noch mehr für Sie drin ist. Doch momentan befinden Sie sich in einer absoluten Glückssträhne, die nicht unbedingt nach Veränderung ruft. Falls es jedoch in Ihren Leben Schwachstellen gibt, die nach Erneuerung schreien, so können Sie sich beruhigt zurücklehnen und einen günstigen Augenblick abwarten. Da Sie glücksgewohnt sind, besteht natürlich auch die Gefahr, dass Sie nur aus Übermut Dinge verändern wollen, die gar nicht notwendig sind. Hüten Sie sich vor übertriebenem Aktionismus.	**Weniger als 25 Punkte**

Was fangen Sie mit Ihren Kräften an?

Das sieht Ihnen ähnlich! Immer schneller, immer höher, immer weiter. Sie sprühen vor Kraft und Tatendrang. Lassen Sie es aber lieber ruhig angehen, bevor Sie andere unnötig vor den Kopf stoßen.
Mehr als 3-mal a

Ein Leben in ebenmäßigen Bahnen ist genau das, was Sie momentan brauchen. Für hektischen Aktivismus reicht ihre Kraft jetzt sowieso nicht aus. Schonen Sie Ihre Kräfte.
Mehr als 3-mal b

Rundum glücklich und zufrieden, so sehen Sie sich. Ihre Energie verwenden Sie darauf, die Situation so zu erhalten wie sie ist. Recht so!
Mehr als 3-mal c

Extratipp:

Glück braucht Mut!
Sie wollen Ihr Leben verändern – und trauen sich nicht? Ist das, was Sie wollen, wirklich nicht machbar? Beantworten Sie für sich selbst diese fünf Fragen:

1. *Will ich das, was ich mir erträume wirklich?*
2. *Was brauche ich, um mein Ziel zu erreichen?*
3. *Wo und wie bekomme ich das, was ich dazu brauche?*
4. *Was muss ich aufgeben, um ans Ziel zu kommen?*
5. *Was ist, wenn ich das Ziel erreicht habe?*

Wenn Sie Antworten auf alle fünf Fragen gefunden haben, dann sind Sie bereit für den Neustart.

- *Machen Sie sich selbst Mut! Unterteilen Sie den Weg zum Glück in kleinere Etappen und nehmen Sie die erste Teilstrecke gleich in Angriff. Das stärkt Ihr Selbstbewusstsein.*
- *Malen Sie sich die Zukunft aus! Entwickeln Sie im Kopf Visionen, die Sie positiv stimmen. Wie wird es sein, wenn Sie Ihr Ziel erreicht haben? Solche positiven Bilder geben Kraft und Energie!*
- *Hören Sie auf Ihr Gefühl! Der Kopf kann viel, der Bauch kann mehr. Vertrauen Sie auf Ihre Intuition und werden Sie aktiv. Selbst Entscheidungen zu treffen (selbst wenn sie sich als falsch herausstellen) macht mutig.*
- *Schauen Sie genau hin! Glück und Zufriedenheit sind überall, doch oft genug verliert man den Blick dafür. Schärfen Sie Ihre Sinne für all die kleinen Glücksmomente! Vielleicht sind Sie Ihrem Ziel ja schon näher als gedacht.*

Und welche Bildchen malen Sie?

Jeder tut es, kaum einer merkt es. Wenn es Menschen langweilig wird, fangen viele an zu kritzeln. Beim Telefonieren, Vor-sich-hin-Träumen, Zuhören und bei vielen anderen Gelegenheiten greift man zum Stift und malt drauflos. Was das zu bedeuten hat, erfahren Sie hier!

Welche Kritzeleien sind Ihren am ähnlichsten? Wählen Sie aus!

a)

b)

c)

d)

e)

f)

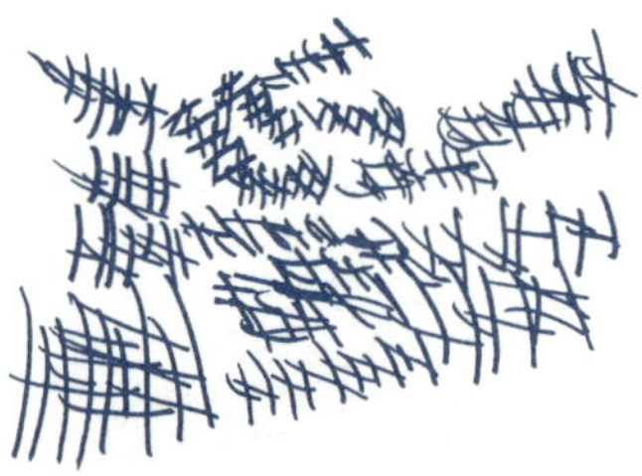

g)

h)

i)

j)

k)

l)

m)

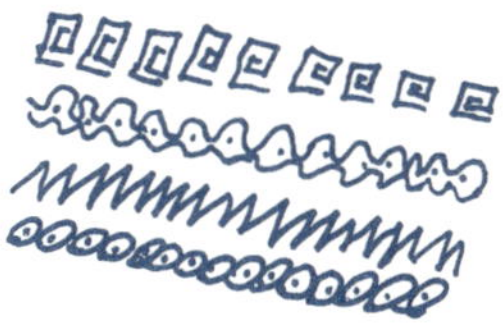

n)

o)

p)

q)

r)

+	+	+
g		h
i		J
k		l
m		n
o		p
q		r

Auswertung

a) Strichmännchen

Wer sie malt, braucht Gesellschaft. Je mehr Menschen um ihn herum sind, desto besser. Sie sind wahrscheinlich ein großzügiger Mensch und legen keinen großen wert auf Details.

b) Geometrische Formen

Sie sind ein Mensch, der Probleme gern systematisch und logisch löst. Von Gefühlen lassen Sie sich bei Ihren Entscheidungen nicht leiten. Männer zeichnen solche Bilder häufiger als Frauen.

c) Striche und Pfeile zum Mittelpunkt

Diese Zeichnungen sprechen für eine hohe Konzentration. Wer sie malt, steht unter einem gewissen Druck und möchte seine Ziele und Gedanken auf den Punkt bringen.

d) Münder in allen Variationen

Aus diesen Zeichnungen spricht Sinnlichkeit, wahrscheinlich sind Sie dem Gesprächspartner gefühlsmäßig verbunden. Hat der Mund auch Zähne, dann kann man es auch als Aggression verstehen.

e) Augenmalereien

Sie können verschiedene Ursachen haben: Zum einen fühlt man sich vielleicht beobachtet; zum anderen werden sie als sexuelles Symbol gewertet.

f) Zäune

Wer so etwas zu Papier bringt, will sich von anderen abgrenzen. Sei es, dass der Zeichner seine Ruhe haben will oder dass er sich von anderen bedrängt fühlt.

g) Mauern

Stein auf Stein, schön ordentlich, das spricht für einen realistischen Menschen, der seine Ziele Schritt für Schritt verfolgt. Beim Gespräch gemalt, will der Zeichner sagen: Du kannst mich nicht von meinem Plan abbringen!

h) Große und kleine Tiere

Je kleiner und possierlicher das Tier, um so mehr sehnt sich der Zeichner nach Zärtlichkeit. Wer jedoch immer wieder das gleiche Tier malt – egal, ob groß oder klein – identifiziert sich mit den Eigenschaften dieser Tierart.

i) Blumen

Sie fühlen sich ganz wohl in Ihrer Haut und in Ihrer Umgebung. Haben die Blumen Stängel mit Blättern, dann fühlen Sie sich tief verwurzelt – in der Familie, Ihrem Zuhause ...

j) Karikaturen

Der Zeichner hat Humor und kann auch gut über sich selbst lachen. Karikaturen, die einen anderen besonders gut treffen und charakterisieren, sprechen allerdings nicht unbedingt für viel Mitgefühl.

k) Rahmen für Notizen

Wenn gerade nichts anderes anliegt, dann begnügt man sich damit, Notizen zu verzieren. Das spricht für Ausgeglichenheit und ein sanftes Gemüt.

l) Wilde Striche

Dynamische Stricheleien bringen Stress zum Ausdruck. Kurze, kraftvolle Linien helfen dem Zeichner, seine Spannung abzubauen.

m) Girlanden

Ordnung ist das halbe Leben, das könnte Ihr Lebensmotto sein. Wer seine Notizzettel so verziert, der handelt überlegt und zurückhaltend.

n) Sonne, Mond und Sterne

Der Zeichner ist ein romantischer Typ. Als unverbesserlicher Optimist möchten Sie viel erreichen – zum Beispiel die Sterne vom Himmel holen?

o) Kreise und Spiralen

Runde Formen symbolisieren die Suche nach Sicherheit und Wohlgefühl. Spiralen, die sich nach innen winden, deuten darauf hin, dass Sie sich zurückziehen.

p) Dekorative Symbole

Wer am liebsten verschiedene Zeichen (!, ?, &, + usw.) dekorativ ausschmückt, enttarnt sich als abstrakter Denker. In der Regel schauen Sie gerne hinter die Kulissen und tief in die Seele anderer Menschen.

q) Wilde Kringel

Plan- und ziellos fühlt sich der Zeichner. Wer so malt, weiß nicht so recht, was er will und wie es (zum Beispiel das Telefonat) weitergehen soll. Darin ist aber keine Verzweiflung, sondern nur leichte Desorientierung zu erkennen.

r) Wald und Bäume

Etwas oder jemanden zum Anlehnen sucht der Zeichner von Bäumen. Wo soll es (das Gespräch zum Beispiel) hinführen? Die Bäume stellen Fixpunkte dar, etwas Bleibendes, das Bestand hat.

Test

Sind Sie selbstbewusst?

Wer auf sich selbst vertrauen kann, der ist fein raus. Selbstbewusstsein ist die Zauberformel, die fast alles möglich macht. Doch wie viel haben Sie wirklich davon? Testen Sie Ihr Selbstvertrauen!

Beantworten Sie die folgenden Fragen möglichst spontan:
a steht für „ja, das stimmt"
b steht für „manchmal"
c steht für „nein, das ist eher selten"

	+	+	+
1. Wenn mir etwas misslingt, fällt es mir leicht, mich damit abzufinden.	a	b	c
2. Ich kann spontan fünf positive Eigenschaften von mir aufzählen.	a	b	c
3. Ich bin stolz auf das, was ich bisher im Leben erreicht habe.	a	b	c
4. In stressigen Phasen achte ich darauf, für Ausgleich zu sorgen.	a	b	c
5. Ich finde es unterhaltsam und spannend, neue Leute kennen zu lernen.	a	b	c
6. Wenn andere zu viel von mir fordern, kann ich ganz gut Nein sagen.	a	b	c
7. Wenn ich Fotos anschaue, auf denen ich zu sehen bin, gefalle ich mir meistens recht gut.	a	b	c
8. In Diskussionen und Auseinandersetzungen fällt es mir leicht, meine Meinung zu vertreten.	a	b	c
9. Wenn ich mich angegriffen oder verletzt fühle, kann ich offen darüber sprechen.	a	b	c
10. Meine Schwächen nehme ich gelassen hin – andere haben genauso viele.	a	b	c

11.	Wenn ich so richtig wütend oder traurig bin, weine ich ungehemmt.	a	b	c
12.	Probleme bringen mich nur kurzfristig aus dem Gleichgewicht. Ich sehe sie als Herausforderung.	a	b	c
13.	Ich weiß, was mir gut tut. Ich mache regelmäßig etwas, das mir Spaß macht.	a	b	c
14.	Ich bin nicht perfekt, damit kann ich gut leben.	a	b	c
15.	Wenn ich ins Bett gehe, kann ich auch nach einem stressigen Tag prima einschlafen.	a	b	c
16.	Ich kann gut entscheiden, was wirklich wichtig ist – und Unwichtiges auch mal beiseite schieben.	a	b	c
		+	+	+

Auswertung & Interpretation

Geben Sie sich für jede a-Antwort vier Punkte.
Jedes Kreuzchen bei b bringt zwei Punkte ein.
Wenn Sie c angekreuzt haben, dürfen Sie sich einen Punkt gutschreiben.

Ihr Ergebnis insgesamt: Punkte

Optimismus macht Sie stark!

Mehr als 50 Punkte

Ihr gesundes Selbstvertrauen ist eine gute Voraussetzung, glücklich durchs Leben zu kommen. Sie sind sich selbst am nächsten, ohne jedoch andere deshalb weniger zu achten. Sie kennen Ihre Stärken und unterschätzen gleichzeitig Ihre Schwächen nicht. Mit gezieltem Krafteinsatz meistern Sie den Alltag, wollen Erfolg, aber nicht um jeden Preis. Schwierige Probleme sind für Sie keine Katastrophe, sondern eine Herausforderung, an der Sie nur wachsen können. Sie sprudeln vor Energie und sind ständig zu neuen Ufern unterwegs. Man mag Sie, vor allem auch deshalb, weil Sie stets das Positive suchen und zumeist auch finden.

Extratipp:

Übung: Versetzen Sie sich gedanklich in die Rolle eines anderen (zum Beispiel eines Freundes, des Partners, eines Kindes) und spüren Sie, wie sich das anfühlt. Das macht Sie sensibel für Ihre Umwelt und eröffnet neue Perspektiven.

Perfektionismus steht im Weg!

Zwischen 30 und 49 Punkte

Ein gesundes Selbstvertrauen bedeutet – wie das Wort schon sagt –, dass man sich in erster Linie selbst vertraut. Daran hapert es leider ein wenig, denn Sie sind oft geneigt, Ihre Schwächen über Ihre offensichtlichen Stärken zu stellen. Ihr eigentlich recht gutes Selbstbewusstsein leidet darunter, dass Sie sich selbst mit Zweifeln plagen und immer perfekt sein wollen. Das kann auf Dauer niemand. Deshalb ist es wichtig, Stärken und Schwächen gleichen Raum zu gewähren – sich selbst zu loben, wenn's an Anerkennung von außen mangelt. Lernen Sie zu delegieren und sagen Sie öfter mal „Nein", denn als Perfektionist ist man leicht versucht, sich zu viel aufzuladen, nur um es sich selbst und anderen zu beweisen.

Extratipp:

Lachen ist die beste Medizin, sagt der Volksmund. Und er hat Recht. Wenn es an Selbstvertrauen mangelt, dann hilft es oft, über witzige Situationen herzhaft zu lachen (und bei traurigen ebenso herzhaft zu weinen). Probieren Sie es zu Hause allein aus.

Selbstkritik ist Ihre Stärke!

Weniger als 29 Punkte

Mit dem Selbstbewusstsein steht es bei Ihnen nicht gerade zum Besten. Wahrscheinlich sind Sie der Meinung, es gäbe wenig in Ihrem Leben, auf das Sie so richtig stolz sein können. Ängste, Minderwertigkeitsgefühle, Wut und Grübeleien sind Ihre ständigen Begleiter. Das sollte sich ändern! Selbstvertrauen kann man aufbauen und ausbilden, den Schlüssel dafür halten Sie selbst in Händen. Loben Sie sich selbst – auch für kleine Erfolge. Lassen Sie sich nicht von anderen ausnutzen und nehmen Sie künftig Komplimente wohlwollend an. Als geborener Kritiker stehen Sie sich oft selbst im Weg. Ändern Sie also den Blickwinkel – und behalten Sie Ihre wahren Stärken im Auge.

Extratipp:

Fordern Sie sich selbst heraus!
Zu wenig Selbstbewusstsein? Trainieren Sie diese wichtige Eigenschaft mit folgender Übung:
Schreiben Sie zehn Dinge auf, von denen Sie glauben, dass Sie sie wirklich bewältigen können. Das können einfache Sachen sein, wie „täglich einen Apfel essen" oder auch die ganz großen Herausforderungen, wie „den Chef um eine Gehaltserhöhung bitten". Die größte Anforderung bekommt die Nummer 1 – die leichteste Übung die Nummer 10. Arbeiten Sie diese Liste von 10 zur 1 ab.

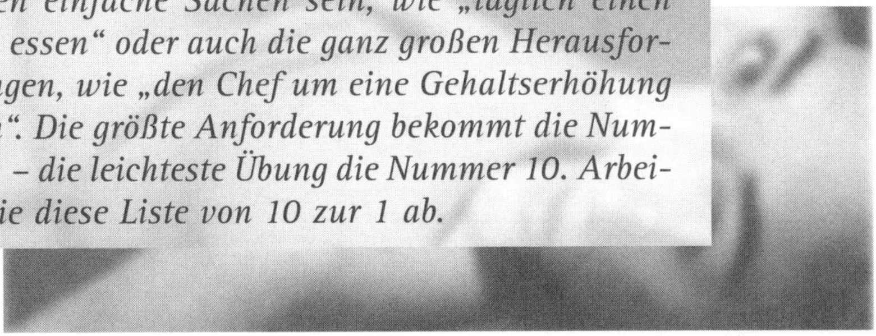

Everybodys Darling oder Everybodys Foul? Ihr Umgang mit anderen Menschen spiegelt einen Teil Ihres Verhaltens wider. Welchen Eindruck Sie dabei hinterlassen, ist Thema des folgenden Kapitels. Die Tests zeigen Ihnen, welchen Eindruck Sie machen, ob Sie wahre Freundschaft schätzen und ob man Sie leicht manipulieren kann.

Freund & Feind

Wie gehen Sie mit anderen um?

Welchen Eindruck machen Sie auf andere?

Ausstrahlung – das ist dieser einzigartige Mix aus Charakter, Temperament, optischen Signalen und Umgang mit anderen Menschen. Jeder Mensch möchte natürlich einen möglichst guten Eindruck machen. Wie Sie bei anderen ankommen, können Sie hier austesten.

Markieren Sie Ihre Antworten im Lösungsstreifen.

+	+	+
a		
	b	
		c
d		

1. Sie sitzen gemütlich mit einem Bekannten zusammen und plaudern. Irgendwie kommen sie auf das Thema „Schulzeit". Welche dieser vier Beschreibungen erweckt bei Ihnen am ehesten das Gefühl „So ähnlich war es bei mir auch"?

a) „Ich hatte ziemlich gute Noten. Darauf haben meine Eltern auch immer viel Wert gelegt. In meiner Freizeit war ich immer gut beschäftigt – Klavierstunde, Sportverein und, und, und ..."

b) „In der Schule war ich eher still und zurückhaltend. Oft habe ich mir ausgemalt, wie es wohl sein würde, wenn ich erwachsen bin. Pläne schmieden war schon immer meine Leidenschaft."

c) „Schule? Puh, das war der reine Horror. Ich fand alles öde und langweilig, deshalb habe ich viel Blödsinn gemacht. Ich war der Klassenclown. Wenn mir ein Streich gelungen ist, war das besser als eine 2 in Mathe."

d) „Ich bin immer gern in die Schule gegangen. Zwar war ich in Mathe und Physik eine absolute Niete, aber viele andere Fächer haben mir Spaß gemacht. Meine Klassenkameraden waren eine ganz tolle Clique."

2. Welche dieser Zeichnungen entspricht am besten Ihrem Naturell?

a) 

b) 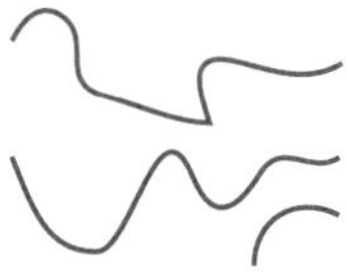

c) 

d) 

+	+	+
a		b
c		d

3. Was glauben Sie, wie Sie auf Menschen wirken, denen Sie zum ersten Mal begegnen?

a) zurückhaltend, sensibel und verständnisvoll
b) ruhig, klar und vernünftig
c) lebhaft, spontan und aktiv
d) sympathisch, freundlich und aufgeschlossen

+	+	+
a		
	b	
		c
d		

4. Wie schätzen Sie sich selbst ein?

a) zurückhaltend, sensibel und verständnisvoll
b) ruhig, klar und vernünftig
c) lebhaft, spontan und aktiv
d) sympathisch, freundlich und aufgeschlossen

+	+	+
a		
	b	
		c
d		

5. Was glauben Sie, warum werden Sie geliebt?

a) weil ich so lebendig bin
b) weil ich interessant bin
c) weil ich mich selbst liebe
d) weil ich etwas dafür tue

+	+	+
a		
	b	
		c
d		

		+	+	+
6.	**Welche Eigenschaften sind bei Ihnen besonders ausgeprägt? Kreuzen Sie zwei an!**			
a)	romantisch	a		
b)	realistisch		b	
c)	risikofreudig			c
d)	zuverlässig	d		
e)	hilfsbereit		e	
f)	fantasievoll			f
g)	geduldig	g		
h)	zärtlich		h	
7.	**Sie besuchen alleine einen Vortrag. Wie verhalten Sie sich, wenn Sie den Saal betreten?**			
a)	Sie kommen in letzter Minute. Murmeln eine Entschuldigung. Suchen sich irgendeinen Platz. Jetzt müssen Sie sich erst mal sammeln.	a		
b)	Sie kommen möglichst früh. Suchen sich bewusst einen Platz in der ersten Reihe. Sie warten in Ruhe, bis der Vortrag beginnt.		b	
c)	Sie bleiben zunächst einmal an der Tür stehen, um sich einen Überblick zu verschaffen. Sie erspähen einen freien Platz neben einem scheinbar sympathischen Menschen. Nach dem Setzen versuchen Sie, mit dieser Person ins Gespräch zu kommen.			c
d)	Hoffentlich wird es nicht zu voll, denken Sie und suchen sich vorsichtshalber einen Eckplatz aus. Bis der Vortrag beginnt vertiefen Sie sich in das Veranstaltungsprogramm o. Ä.	d		
8.	**Welchen Kleidungsstil bevorzugen Sie? Entscheiden Sie sich unabhängig von Kosten und beruflichen Zwängen.**			
a)	klassisch-elegant	a		
b)	lässig-bequem		b	
c)	sportlich-praktisch			c
d)	von allem etwas, je nach Lust und Laune	d		

9. Welcher Einrichtungsstil gefällt Ihnen am besten?	+	+	+
a) asiatisch-distanziert: wenige Möbel, dafür ausgesucht schöne Stücke, viel freier Raum.	a		
b) italienisch-rustikal: dunkles Holz, üppige Dekorationen, blumige Stoffe, viel Keramik.		b	
c) schwedisch-klar: naturbelassenes Holz, klare Farben (Rot, Weiß, Blau), handgewebte Teppiche.			c
d) amerikanisch-designt: kontrastreiche Formen und Farben, viele witzige und designmäßige Details, Originalität geht vor Bequemlichkeit.	d		

10. Was würden Ihre Freunde am ehesten über Sie sagen?			
a) Interessiert sich für alles mögliche, weiß über alles Bescheid, was „in" ist.	a		
b) Ist ein guter Freund/eine gute Freundin, auf den/die man sich verlassen kann.		b	
c) Kann gut zuhören und versteht andere Menschen ohne große Erklärungen.			c
d) Hat gute Nerven, auch wenn es chaotisch zugeht, behält immer den Überblick.	d		

11. Welche dieser Farben mögen Sie am liebsten?			
a) Königsblau	a		
b) Signalrot		b	
c) Hellgelb			c
d) Blattgrün	d		

12. Wie möchten Sie Ihren nächsten runden Geburtstag feiern?			
a) mit der ganzen Familie und den engsten Freunden	a		
b) gar nicht – einfach verreisen mit einem Menschen, der mir nahe steht.		b	
c) mit einer Riesenparty und ganz vielen Leuten			c
d) auf alle Fälle witzig und originell: auf einer Berghütte, auf einem Boot ...	d		

13. Man spricht Sie auf der Straße an und behauptet, Sie seien der ideale Werbeträger für Kräutertee. Man bietet Ihnen die Hauptrolle in einem von vier Werbespots an. Im welchem dieser vier Spots wären Sie wohl am überzeugendsten?

a) Ihr (Fernseh-)Sohn liegt mit einer schrecklichen Erkältung im Bett. Sie bringen ihm eine Tasse Kräutertee und streichen dem Kind beruhigend über den Kopf.

b) Sie sitzen eingekuschelt in einem gemütlichen Schaukelstuhl, im Hintergrund hört man klassische Musik. Sie schmökern in einem dicken Buch und genießen dazu eine Tasse Kräutertee.

c) Es klingelt an der Tür. Da steht ein attraktiver Mann (eine verführerische Frau), mit einer Flasche Champagner. Sie nehmen die Flasche dankend an und bieten ihm(ihr) eine Tasse Kräutertee an.

d) Sie spielen den Manager/die Businessfrau, der/die an einem völlig überladenen Schreibtisch sitzt und hektisch telefoniert. Zwischendurch nehmen Sie immer wieder einen Schluck Kräutertee.

+	+	+
a		
	b	
		c
d		

14. Wählen Sie aus folgenden Schriftarten eine für Ihre Visitenkarte aus!

a) Michael Mustermann

b) **Michael Mustermann**

c) Michael Mustermann

d) Michael Mustermann

+	+	+
a		
	b	
		c
d		

Auswertung & Interpretation

Übertragen Sie Ihre Antworten in folgende Auswertungstabelle:

	1	2	3	4	5	6	7	8	9	10	11	12	13	14
a	b	a	d	d	c	d	c	a	a	b	d	b	b	d
b	d	c	b	b	a	c	a	c	b	d	c	a	d	c
c	a	d	a	a	d	a	b	d	c	a	b	d	c	a
d	c	b	c	c	b	b	d	b	d	c	a	c	a	b
e						c								
f						a								
g						b								
h						d								

Errechnen Sie anhand der Auswertungstabelle, wie oft Sie die einzelnen Buchstaben angekreuzt haben:

a	b	c	d

Der Buchstabe, den Sie am häufigsten gewählt haben, führt Sie zu der folgenden Interpretation. Es ist möglich, dass zwei Buchstaben gleich viele Punkte erreicht haben. Lesen Sie dann beide Interpretationen. Haben Sie mehrere gleich hohe Buchstabenwerte, lesen Sie in der letzten Interpretation nach.

Erfrischend wie ein Wirbelsturm!

Überwiegend a-Werte

Langeweile ist für Sie ein Fremdwort – und schlechte Laune kennen Sie nicht. Sie wirken auf andere stets fröhlich und unbeschwert. Man muss Sie einfach mögen, sowohl bei Bekannten als auch bei Fremden sind Sie ungemein beliebt. Das liegt vor allem an Ihrer Gabe, Situationen und Menschen auf einen Blick zu durchschauen und zu jedem den richtigen

Draht aufzubauen. Ihr Ziel: im Mittelpunkt stehen. Das ist ganz okay, denn Sie wirken dabei kein bisschen arrogant. Es gehört einfach zu Ihrer Wesensart, Aufmerksamkeit zu erregen. Dabei arbeiten Sie hart an den Fähigkeiten und Eigenschaften, die Sie für einen möglichst originellen Auftritt brauchen.

Überwiegend b-Werte

Stille Wasser sind oft tief!

Sie sind der Typ „stiller Beobachter". Schnelle Entscheidungen und spontane Äußerungen darf man von Ihnen nicht erwarten. Sie tragen ihr Herz nicht auf der Zunge, denken lieber erst mal gründlich nach, bevor Sie sich äußern. Das macht auf Menschen, die Sie gerade erst kennen gelernt haben, oft einen etwas verwirrenden Eindruck. Sie überzeugen jedoch auf Dauer durch Kompetenz und Zuverlässigkeit. Was Sie sagen und tun, hat Hand und Fuß. Wenn Sie eine Aufgabe übernehmen, dann stehen Sie voll dahinter. Ihre Gründlichkeit hängt mit einem ausgeprägten Verantwortungsbewusstsein zusammen. Das sorgt dann aber auch dafür, dass Sie selbst im größten Chaos den Überblick behalten und – wie der Fels in der Brandung – Sicherheit ausstrahlen. Und dafür brauchen Sie keine großen Worte, nur ihre typisch gelassene, kompetente Haltung.

Überwiegend c-Werte

Einfach ein herzensguter Mensch!

Ein Lächeln von Ihnen und Ihr Gegenüber schmilzt dahin. Ein Wort nur – und die anderen sind ganz Ihrer Meinung. Sie haben die wunderbare Gabe Menschen und Situationen auf einen Blick richtig einzuschätzen und jedem zu geben, was er braucht. Der Eindruck, den Sie vermitteln, lässt sich am besten mit warmherzig und großzügig beschreiben. Sie sind ein ewig gut gelaunter Sonnenschein, in dessen Nähe man sich so richtig wohl fühlt. Sie packen zu, wenn es nötig ist, ohne sich zu zieren. Doch Ihre Selbstlosigkeit hat dort Grenzen, wo Sie sich ausgenutzt fühlen. Dann können Sie mit überraschend klaren Worten Ihre Mitmenschen zurechtweisen. Bis es allerdings dazu kommt, bringen Sie immer 100-prozentigen Einsatz.

Sensibel ja – Sensibelchen nein!

Überwiegend d-Werte

Auf den ersten Blick machen Sie eher einen zurückhaltenden Eindruck. Das ändert sich zumeist, wenn Sie sich an einem Gespräch beteiligen. Sie sind vielfältig interessiert, man kann mit Ihnen über alle möglichen Dinge und Sachgebiete wunderbar diskutieren. Geistige Anregung ist Ihr Lebenselixier – nur schade, dass Sie Ihre wissensdurstige Persönlichkeit hinter zu viel Zurückhaltung geschickt kaschieren. Sie besitzen ein feines Gespür für Zwischentöne und reagieren entsprechend empfindlich auf Ironie. Ihre Verletzlichkeit zeigen Sie dann jedoch nicht, sondern kontern eher barsch und energisch. Im Kreis von denen, die Sie lieben, ist Ihre Ausstrahlung geprägt von Fürsorglichkeit. Für diese Menschen sind Sie dann auch bereit alles zu geben – und manchmal vergessen Sie dabei Ihre eigenen Bedürfnisse.

Ihre Ausstrahlung: ein kunterbunter Mix

Kein eindeutiges Ergebnis

Auch das ist eine Variante: Es gibt nämlich Menschen, die – je nachdem, mit wem sie es zu tun haben – verschiedene Eindrücke hinterlassen. Sie passen ihr Verhalten und Auftreten der jeweiligen Situation so geschickt an, dass ein „gemischter Eindruck" entsteht. Das ist durchaus eine positive Sache, denn es gelingt Ihrem Gegenüber kaum, Sie in eine „Schublade" zu stecken. Sie sind immer für eine Überraschung gut.

Extratipp:

Es ist natürlich auch möglich, dass Ihr ebenmäßiges Ergebnis in diesem Test das Resultat von Unsicherheit ist. Dann wiederholen Sie das Ganze und wägen bei jeder Fragestellung Ihre Antwort sorgfältig ab. Mit Sicherheit ist beim zweiten Durchlauf das Ergebnis konkreter.

Freundschaftstest

Sind Sie ein guter Freund/ eine gute Freundin?

Man hat viele Bekannte, aber nur wenig wirklich gute Freunde. Was Freundschaft so kostbar macht, ist, dass wir ihr nicht täglich begegnen. Und wie sieht das bei Ihnen aus? Haben Sie selbst das Zeug zum guten Freund/zur guten Freundin?

Markieren Sie Ihre Antworten im Lösungsstreifen.

1. Was schenken Sie einem guten Freund/einer guten Freundin zum Geburtstag?

a) Etwas Praktisches
b) Etwas, das auch mir gefällt.
c) Etwas, das er/sie schon mal als Wunsch geäußert hat.

2. Ein Freund/eine Freundin leiht sich etwas und gibt es dann nicht zurück. Wie reagieren Sie?

a) Gar nicht
b) Ich spreche ihn/sie darauf an.
c) Ich leihe nichts mehr aus.

3. Ihr Freund/Ihre Freundin muss für längere Zeit verreisen. Die Partnerin/der Partner ist allein. Wie verhalten Sie sich?

a) Ich kümmere mich um ihn (sie).
b) Ich unternehme etwas mit ihm (ihr), wenn andere dabei sind.
c) Ich versuche ihm (ihr) etwas näher zu kommen, weil ich schon immer neidisch auf die Beziehung war.

+	+	+
a		
	b	
		c
a		
	b	
		c
a		
	b	
		c

4. Ihr Freund/Ihre Freundin schlägt Ihnen ein lukratives Geschäft vor. Wie reagieren Sie?

a) Ablehnend, denn bei Geld hört die Freundschaft auf.
b) Interessiert, denn ich kann Geld und Freundschaft gut trennen.
c) Zustimmend, ich vertraue auf gute Freunde in jeder Hinsicht.

5. Ihr Freund hat ein Alkoholproblem. Ihre Freundin isst zu viel. Was tun Sie?

a) Gar nichts – was geht es mich an?
b) Ich spreche darüber, aber nicht so direkt.
c) Ich biete ihm/ihr nichts Dementsprechendes mehr an.

6. Ihr bester Freund/Ihre beste Freundin passt nicht in Ihren Bekanntenkreis. Wie verhalten Sie sich?

a) Ich versuche, meine(n) Freund(in) zu integrieren.
b) Ich halte sie(ihn) strikt von den anderen getrennt.
c) Es ist mir egal, schließlich ist es nicht mein Problem, sondern das der anderen.

7. Was erwarten Sie von guter Freundschaft?

a) stetige Kompromissbereitschaft
b) bedingungslose Zuneigung
c) ständiges Engagement

8. Was denken Sie: Dürfen Freunde sich anlügen?

a) nein
b) nur in Notsituationen
c) ja

9. Was erwarten Sie von Freunden in der Not?

a) tatkräftige Hilfe
b) verständnisvolle Aussprache
c) Gar nichts, ich regle das allein.

10. Was glauben Sie: Hält Freundschaft auf Distanz?

a) ja
b) nein
c) selten

Auswertung & Interpretation

Übertragen Sie Ihre Antworten in folgende Bewertungstabelle:

	1	2	3	4	5	6	7	8	9	10
a	4	2	4	6	0	4	4	6	2	6
b	2	6	6	4	4	2	6	4	6	2
c	6	4	0	2	6	6	2	0	2	4

Ihr Ergebnis: Punkte

Ein Freund, ein guter Freund, ...

Mehr als 50 Punkte

... das ist das Beste, was es gibt auf der Welt, wusste schon Heinz Rühmann. Und genauso sehen Sie es auch. Als Freund(in) kann man sich 100-prozentig auf Sie verlassen. Sie sind eine starke Persönlichkeit. Ihnen bedeuten Werte wie „Freundschaft“ und „Zuverlässigkeit“ eine ganze Menge. Wer Sie als Freund(in) gewonnen hat, kann sich glücklich schätzen. Aber Vorsicht: Lassen Sie sich nicht ausnutzen – nur um der Freundschaft willen.

Freunde in der Not

Zwischen 49 und 40 Punkte

Sie nehmen Freundschaften sehr ernst und untermauern Ihre Zuneigung immer wieder durch tatkräftige Hilfsangebote. Sie sind offensichtlich der Meinung, dass nur in der Not sich wahre Freundschaft beweisen lässt. Sie tun sich leicht, neue Freunde zu finden, doch manchmal nehmen Sie sich da auch ein bisschen viel vor. Enttäuschungen könnten die Konsequenz sein.

Freunde wählen Sie mit Bedacht

Zwischen 39 und 30 Punkte

Ihre Freundschaft ist ein hohes Gut, das Sie nicht leichtfertig verschenken wollen. Drum prüfen Sie zumeist lange und genau, wer zu Ihnen passt und wer sich Ihren Ansprüchen würdig erweist. Sie sind in der Wahl Ihrer Freunde extrem vorsichtig. Wer allerdings Ihr Vertrauen hat, der kann sich Ihnen blind anvertrauen.

Freundschaft oder Bekanntschaft – gibt es einen Unterschied?

Weniger als 29 Punkte

Sie sind ein netter, stets gut gelaunter Freund und haben einen großen Bekanntenkreis. Bei Ihnen sind die Übergänge zwischen Freundschaft und Bekanntschaft fließend. Sie haben vielleicht keine so konkrete Vorstellung davon, was wahre Freundschaft ausmacht. Auf manche Menschen wirken Sie sehr oberflächlich und ich-bezogen, weshalb sich tiefe Freundschaften nur schwer entwickeln können. Nehmen Sie sich etwas mehr zurück und hören Sie den anderen zu. Kann sein, dass Sie dann unverhofft auf einen wahren Freund/eine wahre Freundin treffen.

Extratipp:

Unterschied

Frauen haben Freundinnen – Männer haben Kumpel! Aber warum ist das so? Während Frauen bei Freundschaften Nähe und Gefühlsaustausch suchen, macht genau das vielen Männern Angst. Den Grund dafür wollen Gehirnforscher gefunden haben: Männer tun sich schwer, Impulse der rechten Gehirnhälfte (= Verstand) mit der linken Gehirnhälfte (= Gefühl) zu verknüpfen. Kann das des Rätsels Lösung sein?

Wie leicht lassen Sie sich beeinflussen?

Kennen Sie das? Gerade noch waren Sie felsenfest davon überzeugt, dass Sie sich nie mehr zu etwas überreden lassen, was Sie nicht wirklich wollen – und schon ist es wieder passiert.
Sind Sie manipulierbar? Oder halten Sie selbst die Fäden in der Hand? Finden Sie mit diesem Test heraus, welchen Einfluss andere auf Sie haben.

Kreuzen Sie den entsprechenden Buchstaben im Lösungsstreifen an.

1. Welche positive Eigenschaft ist für Sie typisch?

a) mutig
b) fantasievoll
c) hilfsbereit
d) aktiv
e) originell

2. Welche negative Eigenschaft trifft auf Sie zu?

a) leichtsinnig
b) nachtragend
c) beeinflussbar
d) leichtgläubig
e) kompromisslos

+	+	+
a		
	b	
		c
d		
	e	
a		
	b	
		c
d		
	e	

	+	+	+
3. Das Raumschiff „Enterprise" düst durch das Weltall. An Bord sind Sie. Welche Rolle möchten Sie spielen?			
a) Den Captain: Sie haben den Überblick und alles hört auf Ihr Kommando.	a		
b) Den Bordarzt: Sie reparieren mit Laser Roboter und kurieren Aliens gegen Gefühllosigkeit.		b	
c) Ein Mitglied der Raumpatrouille: immer unterwegs in den unergründlichen Weiten des Weltalls.			c
d) Den Herrscher eines fremden Planeten: Sie spionieren die Crew der „Enterprise" aus.	d		
e) Einen Erdling: Sie sind zu Gast auf dem Raumschiff und man erklärt Ihnen alles ganz genau.		e	
4. Kennen Sie Robin Hood, den Rächer der Armen und Entehrten? Können Sie sich vorstellen, zu Robin Hoods Zeiten ebenso wie er gegen Unrecht gekämpft zu haben?			
a) Ja, das kann ich mir sehr gut vorstellen.	a		
b) Ja, so ein Räuberleben entspricht ganz meiner Vorstellung von Gut und Böse.		b	
c) Den Armen helfen ja, doch ohne Einsatz von Gewalt.			c
d) Nein, so etwas kann ich mir gar nicht vorstellen.	d		
5. Ein wahnsinniges Gewitter mit Blitz und Donner liegt über der Stadt. Welche Beschreibung kommt Ihren Gefühlen am nächsten?			
a) Macht und Stärke – den Naturgewalten sind wir machtlos ausgeliefert.	a		
b) Herrlichkeit und Größe – nichts ist bewunderswerter als die Naturgewalten.		b	
c) Furcht und Schrecken – die Natur ist mächtiger als wir denken und wir Menschen sind absolut schutzlos.			c

6. **Welche Zeichnung spricht Sie spontan an?**

c)  a)  b) 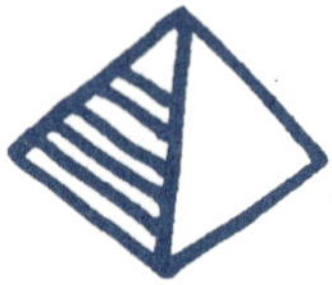

d)  e) 

+	+	+
c	a	b
d	e	

7. **Welche Aussage eines anderen Menschen macht Sie wütend?**

		+	+	+
a)	„Wenn das alle machen würden …"	a		
b)	„Ich glaube nur, was ich sehe."		b	
c)	„Jeder ist sich selbst der Nächste."			c
d)	„Es wird so gemacht, wie ich es sage."	d		
e)	„Das haben wir immer schon so gemacht."		e	

8. **Wie würden Sie Ihr Verhältnis zu den Nachbarn beschreiben?**

		+	+	+
a)	Formell und höflich, Distanz muss sein.	a		
b)	Ungezwungen und freundlich, das richtige Maß zwischen Nähe und Distanz.		b	
c)	Miteinander und Füreinander, wenn man sich gut versteht darf man sich ruhig nahe kommen.			c
d)	Kühl und reserviert, schließlich wohnt man ja nur nebeneinander.	d		

9. **Können Sie sich vorstellen, bei einer erregten Auseinandersetzung handgreiflich zu werden?**

		+	+	+
a)	Ja, wenn es unbedingt notwendig ist.	a		
b)	Vielleicht im absoluten Extremfall.		b	
c)	Nein, niemals.			c

	+	+	+
10. Welche Farben bevorzugen Sie?			
a) strahlend, leuchtend, auffällig	a		
b) frisch, hell, freundlich		b	
c) gedeckt, dunkel, pastellig			c
11. Haben Sie schon einmal an der Haustüre etwas gekauft, was Sie eigentlich nicht brauchen?			
a) noch nie	a		
b) hin und wieder		b	
c) Ich falle immer wieder darauf rein.			c
12. Meditationsurlaub in einem Kloster. Können Sie sich das vorstellen?			
a) Nein, das wäre langweilig.	a		
b) Ja, einfach mal abschalten und zu sich selbst kommen, wäre toll.		b	
c) Ja, wenn dort etwas angeboten wird, was mich interessiert.			c
13. Einmal der/die Größte sein. Was wären Sie dann am liebsten?			
a) ein Bestseller-Autor/eine Bestseller-Autorin	a		
b) der Chef/die Chefin einer humanitären Hilfsorganisation		b	
c) ein Rockstar mit toller Stimme und tausend Fans			c
d) ein Filmstar bei der Oscarverleihung	d		
e) Nr. 1 der Weltrangliste in Ihrem Lieblingssport		e	
14. Ihr Steuerberater präsentiert Ihnen eine komplizierte, seitenlange Auflistung zu Ihrer Steuererklärung. Erklären will er dazu nichts, weil: „Das verstehen Sie ja sowieso nicht." Was tun Sie?			
a) Sie verlangen eine Erklärung und drohen andernfalls die Kanzlei zu wechseln.	a		
b) Sie vertrauen ihm, er wird schon wissen, was er tut.		b	
c) Sie machen künftig den Steuerkram alleine und legen es ihm zur Begutachtung vor.			c

15. Im Mittelalter war ein „Schindluder" ein hilfloses Tier, das am Boden lag und dem man dann das Fell über die Ohren gezogen hat. Kennen Sie Situationen, in denen man mit Ihnen „Schindluder treibt"?

a) Nein, wer mir das Fell über Ohren ziehen will, muss noch geboren werden.
b) Ja, leider kommt es immer wieder vor, dass mich jemand reinlegt.
c) Ja, öfter als mir lieb ist und dabei bin ich so vorsichtig.

16. Welche Wortreihe spricht Sie am ehesten an?

a) bestimmen, wählen, Dominanz, frei, effektiv
b) Original, selten, Einzelstück, kostbar, faszinierend
c) spannend, aktiv, Mutprobe, Überraschung, lebendig
d) Zuneigung, treu, Ideale, sensibel, Mitgefühl
e) geheimnisvoll, Wunder, Schönheit, Hoffnung, fantasievoll

Auswertung & Interpretation

Übertragen Sie Ihre Antworten in diese Tabelle:

	1	2	3	4	5	6	7	8	9	10	11	12	13	14	15	16
a	5	3	3	5	5	5	1	5	5	5	5	5	3	3	5	5
b	2	5	1	4	3	4	4	3	3	3	3	1	1	1	1	4
c	1	1	5	3	1	1	2	1	1	1	1	3	5	5	3	3
d	4	1	4	2		2	3	4					4			2
e	3	5	2			3	5						2			1

Ihr Ergebnis: Punkte

Bevor Sie sich manipulieren lassen, manipulieren Sie lieber selbst!

Mehr als 65 Punkte

Sie haben die Fäden in der Hand – beruflich und privat. Sie kriegen immer, was Sie wollen. Selbst bei Kleinigkeiten, können Sie nicht großzügig sein. Dass Sie dabei unter Umständen mit Kanonen auf Spatzen schießen, ist Ihnen wahrscheinlich noch gar nicht aufgefallen. Machtstreben und Manipulation sind Wesenszüge, die Ihnen gar nicht so fremd sind. Dementsprechend sind Sie bei anderen auch mehr gefürchtet als beliebt. Dieser Nachteil ließe sich leicht ausgleichen – durch ein bisschen mehr Kompromissbereitschaft.

Sie lassen sich nicht unterbuttern!

Zwischen 45 und 64 Punkte

Sie haben genau den richtigen Biss, um sich nicht unterkriegen zu lassen. Sie sind sehr diplomatisch und können gut entscheiden, wann es an der Zeit ist, die Zähne zu zeigen. Ihre Kompromissbereitschaft bringt Ihnen bei Kollegen und Freunden Beliebtheit ein. Machtkämpfe halten Sie für Energieverschwendung, sollte es allerdings einer wagen, Sie unfair zu behandeln, wird er sein blaues Wunder erleben. Sie können nämlich auch anders – wenn's angebracht erscheint.

Sie sind leicht zu beeinflussen!

Weniger als 44 Punkte

Was Ihnen oft fehlt, ist die gehörige Portion Schlagfertigkeit, um ungeschoren durchs Leben zu kommen. Stattdessen treten Sie lieber einen Schritt zurück und lassen anderen den Vortritt. Ihr Problem: Sie können nicht „Nein" sagen. Zwar mögen Sie behaupten, man käme auch mit kleinen Schritten zum Ziel. Doch wer zu spät kommt, den bestraft das Leben. Werden Sie ein wenig egoistischer und verfolgen Sie eigene Ziele, anstatt sich von anderen vor deren Karren spannen zu lassen. Zur perfekten Manipulation gehören nämlich immer zwei: einer, der manipuliert und einer, der sich davon beeinflussen lässt. Diese Rolle haben Sie lange genug gespielt, werden Sie selbstsicherer.

Können Sie mit Kritik umgehen?

Es ist nicht immer einfach, Fehler zuzugeben. Noch schlimmer aber ist es, wenn man scheinbar ungerechtfertigt kritisiert wird. Wie gehen Sie damit um? Ob Sie ein offenes Wort vertragen, erfahren Sie hier.

Kreuzen Sie bei allen Aussagen im Lösungstreifen an, ob Sie zustimmen können (ja) oder nicht (nein).

	ja	nein
1. Sie haben ein Problem mit Ihrem Äußeren und bitten Freunde um Verbesserungsvorschläge.		
2. Niederlagen sind ein Ansporn, beim nächsten Mal alles besser zu machen.		
3. Ich gehöre zu denen, die unangenehme Arbeiten klaglos anpacken.		
4. Ich bleibe bei einem Entschluss, auch wenn er auf große Kritik stößt.		
5. Wenn meine Freunde nichts unternehmen wollen, mache ich etwas alleine.		
6. Wenn eine Verabredung ins Wasser fällt, mache ich gleich ein neues Date aus.		
7. Wenn eine wichtige Arbeit langwierig, nervtötend und monoton ist, halte ich trotzdem durch.		
8. Ich kann mit unhöflichen Leuten umgehen, ohne unhöflich zu werden.		
9. Durch Lärm lasse ich mich leicht ablenken.		
10. Das Berufsleben ist ein einziger Konkurrenzkampf.		
11. Auf Freunde muss man sich bedingungslos verlassen können.		
12. Ich mag es, wenn mein Partner/meine Partnerin mir häufig versichert, dass er/sie mich liebt.		

13. Es fällt mir schwer, beim Spiel zu verlieren.
14. In meinen Tagträumen bin ich immer der große Liebhaber/die raffinierte Liebhaberin.
15. Ich habe keine Probleme, eine fremde Frau/einen fremden Mann anzusprechen.
16. Ich habe ein Plüschtier als Talisman.
17. Ich brauche mindestens zwei eigene Räume, um mich wohl zu fühlen.
18. Wenn ich allein bin, träume ich am liebsten von der Zukunft.
19. Ich schäme mich oft für meine geheimen Gedanken.
20. Ich brauche viel Zeit für mich allein.
21. Es fällt mir leicht, mich zu entspannen.
22. Ich finde mein Leben unproblematisch.
23. Bei Liebeskummer verkrieche ich mich.
24. Ich verliebe mich ziemlich oft.
25. Für Frauen: Ich gebe viel Geld für Mode aus.
25. Für Männer: Ich gebe viel Geld für Autos/Computer aus.

Auswertung & Interpretation

Übertragen Sie Ihre Einschätzungen in folgende Punktetabelle:

	1	2	3	4	5	6	7	8	9	10	11	12	13
ja	5	7	6	7	6	7	4	5	2	1	0	2	1
nein	3	2	2	2	1	2	2	2	4	5	5	4	6

	14	15	16	17	18	19	20	21	22	23	24	25
ja	2	5	4	1	1	0	4	6	5	0	4	0
nein	4	2	2	3	4	5	2	1	1	4	2	4

Ihr Ergebnis: Punkte

Niederlagen machen Sie stark!

Mehr als 95 Punkte

Da kann man nur gratulieren! Ihre Art, mit Kritik und Niederlagen umzugehen, ist genau richtig. Sie haben ein feines Gespür dafür, ob es der Kritiker ernst meint oder nur herumnörgeln will. Für konstruktive Vorschläge haben Sie stets ein offenes Ohr, ungerechtfertigte Kritik können Sie selbstbewusst zurückweisen. Sie sind aber nicht gleich beleidigt, wenn sich ein Kritiker mal im Ton vergreift. Schließlich ist Ihr Motto: „Aus Fehlern kann man lernen" und dementsprechend ist wohlmeinende Kritik ein Ansporn, es das nächste Mal besser zu machen.

Kritik ja, nur sachlich muss sie sein!

Zwischen 66 und 95 Punkte

Wer Sie kritisiert, der muss schon etwas vorsichtig sein. Sie neigen nämlich dazu, selbst konstruktive Vorschläge schnell in den falschen Hals zu kriegen. Denn schließlich „macht der Ton die Musik". Gute Ratschläge hingegen – wenn sie sich sachlich begründen lassen – sind allerdings stets willkommen. Ob Sie sich aber daran halten, steht auf einem anderen Blatt. Es kommt immer auf den Kritiker an. Mit knallharten Vorwürfen hingegen können Sie schlecht umgehen. Da werfen Sie lieber vorschnell die Flinte ins Korn, anstatt zu versuchen, eine Sache zu Ende zu bringen.

Offene Worte können Sie nur schwer wegstecken!

Weniger als 65 Punkte

Sie reagieren sehr sensibel auf Kritik und sind beleidigt, wenn einer es wagt, auch nur einen guten Ratschlag zu geben. Es fällt Ihnen schwer, die Person des Kritikers von der Kritik zu trennen. Deshalb geben Sie oft viel zu schnell auf, anstatt die eigene Position zu vertreten. Wenn wirklich etwas schief geht, dann geben Sie sich selbst die Schuld. Deshalb sind Niederlagen für Sie auch besonders niederschmetternd.

Test

Welcher Zeittyp sind Sie?

Mal ehrlich: Arbeiten Sie auch ständig gegen die Uhr? Läuft Ihnen die Zeit davon? Das Phänomen, nie „genug Zeit" zu haben, ist weit verbreitet. Doch die Ursachen können ganz unterschiedlich sein. Finden Sie heraus, wo Ihre Zeit bleibt.

Bewerten Sie folgende Aussagen. Dabei steht 1 für „selten", 2 für „ab und zu", 3 für „öfter", 4 für „immer"

Das Ergebnis halten Sie im Lösungsstreifen fest.

	+	+	+	+
Ich plane morgens, was ich tagsüber erledigen muss.	1	2	3	4
Meine Aufgabenliste ist nach Wichtigkeit und Dringlichkeit gegliedert.	1	2	3	4
Alle Termine sind langfristig geplant.	1	2	3	4
Bei meiner Planung lasse ich immer einen Spielraum für Unverhofftes.	1	2	3	4
Was ich mir vornehme, schaffe ich in der Regel auch.	1	2	3	4
Unerwartetes bringt mich nicht aus der Ruhe.	1	2	3	4
Ich kann auch mal „Nein" sagen.	1	2	3	4
Ich komme rechtzeitig zu meinen Terminen.	1	2	3	4
Zeit zu haben, bedeutet für mich keinen Luxus.	1	2	3	4
Wichtige Telefonnummern habe ich stets griffbereit.	1	2	3	4
Was ich anfange, bringe ich auch zu Ende.	1	2	3	4
Ich habe alle grundlegenden Dinge (Lebensmittel oder Arbeitsmaterial) vorrätig.	1	2	3	4

Auswertung & Interpretation

Zählen Sie aus, welche Zahl zwischen 1 und 4 Sie am häufigsten angekreuzt haben.

Ihr Ergebnis: überwiegend

1 Die Genialen

Sie leben frei nach Lust und Laune. Wenn Sie behaupten, keine Zeit zu haben, dann liegt es nur daran, dass Sie sich nicht gerne verplanen lassen und schon gar nicht auf die Idee kommen, selbst einen Zeitplan aufzustellen. In vielerlei Hinsicht sind Sie ein genialer Lebenskünstler, doch oft gelten Sie als wenig zuverlässig. Wenn Sie das ändern wollen, hilft nur eine Zeitplanung -(siehe dazu auch den Extra-Tipp auf Seite 73).

2 Die Samariter

Sie sind herzlich bemüht, Ihr Zeitproblem in den Griff zu bekommen – allein, es gelingt Ihnen nicht. Selbst wenn Sie mit besten Vorsätzen in den Tag starten, so kommt doch garantiert etwas dazwischen. Sie haben nämlich ein besonderes Talent, sich die Probleme anderer aufzuhalsen. Die Palette reicht von herrenlosen Hunden bis zu den Kindern anderer Leute. Weil Sie nicht „Nein" sagen können, werden Sie gerne ausgenutzt – und die eigenen Pläne sind Schnee von gestern.

3 Die Verdränger

Im Prinzip hätten Sie alle Zeit der Welt, weil Sie nämlich die Grundlagen eines guten Zeitmanagements beherrschen. Allerdings hätten Sie am liebsten 25-Stunden-Tage. Liegen gebliebene Arbeiten sind Ihnen ein Dorn im Auge und weil Sie glauben, alles gleich und jetzt erledigen zu müssen verzetteln Sie sich schnell. Das Tempo, mit dem Sie arbeiten, setzen Sie in der Freizeit fort. Kein Wunder, dass Sie sich so gehetzt fühlen.

4 Die Perfektionisten

Warum verschwenden Sie die Zeit mit diesem Test? Sie wissen ohnehin, dass Sie Ihre Zeit optimal im Griff haben. Ihr perfektes Time-Management führt allerdings dazu, dass Sie weniger perfekte Menschen, für unzulänglich halten. Sie machen am liebsten alles selbst. Und wo bleiben Sie? Gönnen Sie sich einfach ein bisschen mehr Muße, das kann nicht schaden!

Extratipp:

Sechs Schritte zu einer besseren Zeiteinteilung!

1. *Erstellen Sie eine Liste, der Dinge, die Sie tun müssen und eine Liste der Dinge, die Sie tun wollen. Schauen Sie beide an und streichen Sie Überflüssiges. Am Ende sollten sich Müssen und Wollen die Waage halten.*
2. *Notieren Sie sich einen Tagesablauf mit allen anfallenden Tätigkeiten. Durchforsten Sie die Aufstellung nach Zeitfressern. Das sind beispielsweise Telefonate und spontane Besuche. Versuchen Sie dann beispielsweise, ungelegene Telefonate dem Anrufbeantworter anzuvertrauen und spontane Besucher auch mal abzuweisen.*
3. *Gönnen Sie sich jeden Morgen 10 Minuten Tagesplanung. Achten Sie darauf, nur 50 Prozent fest zu verplanen und den Rest für Unvorhergesehenes zu reservieren.*
4. *Beachten Sie bei aller Planung Ihren persönlichen Biorhythmus. Nach dem so genannten Parento-Prinzip bringen wir in circa 20 Prozent der Zeit 80 Prozent Leistung. In den restlichen 80 Prozent der Zeit tendiert unsere Leistung gegen null, das heißt, sie ist geringer als 20 Prozent. Beobachten Sie also, wann Sie sich am leistungsfähigsten fühlen und planen Sie dann schwierige Aufgaben ein.*
5. *Verbessern Sie Ihre Arbeitsstrategie. Dazu gehört es in erster Linie, gleiche Aufgaben zu bündeln. Sie müssen telefonieren? Erledigen Sie mehrere Anrufe en bloc. Sie müssen mehrere Briefe schreiben? Erledigen Sie den Briefverkehr auf einmal. Ziehen Sie angefangene Arbeiten konsequent durch, dann bleibt Ihnen mehr Zeit.*
6. *Bei aller Planung sollten Sie Belohnungspausen nicht vergessen. Einige Minuten Ruhe und Distanz erfrischen den Geist und erhöhen die Tatkraft.*

Haben Sie Improvisationstalent?

Den Haustürschlüssel verlieren und dabei den Mann (die Frau) fürs Leben kennen lernen? Purer Zufall oder mehr Glück als Verstand? Keineswegs. Wer es versteht, aus jeder Situation das Beste zu machen, besitzt Improvisationstalent. Dazu braucht man mehr als Glück, nämlich auch Mut, Risikofreude, Humor, Optimismus und jede Menge Fantasie. Bringen Sie diese Eigenschaften mit?

Kreuzen Sie jeweils eine Aussage im Lösungsstreifen an!

1. Sie sind eingeladen, es wird spät. Man bietet Ihnen einen Übernachtungsplatz an. Nehmen Sie das Angebot an?

	+	+	+
▸ Nein, denn in fremden Betten kann ich nicht schlafen.	3		
▸ Nur wenn ich eine Zahnbürste dabei habe.		2	
▸ Sie freuen sich auf das gemeinsame Katerfrühstück.			1

2. Bei einem langen Spaziergang im Wald haben Sie sich verlaufen. Da dämmert es. Welcher Gedanke kommt Ihnen zuerst?

	+	+	+
▸ Es hat doch alles keinen Sinn.	3		
▸ Nur keine Panik, das kriege ich schon hin.		1	
▸ Wenn ich jetzt einen Kompass hätte.			2

3. Welcher dieser Sprüche könnte von Ihnen stammen?

	+	+	+
▸ Ich kam, sah und siegte.	1		
▸ Ordnung ist das halbe Leben.		3	
▸ Jeder ist seines Glückes Schmied.			2

	+	+	+
4. Sie treffen beim Joggen einen tollen Mann/eine tolle Frau, auf den (die) Sie schon lange ein Auge geworfen haben. Und ausgerechnet jetzt haben Sie das älteste Sweatshirt an. Was tun?			
▶ Nix wie weg!	3		
▶ Sie machen ein paar Aufwärmübungen.		2	
▶ Sie grüßen freundlich und sind überzeugt, in jeder Klamotte Eindruck zu machen.			1
5. Sie sind auf Diät, doch die Versuchung zu naschen ist zu groß. Was tun Sie jetzt?			
▶ Ab morgen noch weniger essen.	2		
▶ Ich mache mir Vorwürfe.		3	
▶ Das Leben muss man genießen und Gelegenheiten beim Schopf packen.			1
6. Sie stehen vor einer kaputten Ampel. Nichts geht voran. Was machen Sie?			
▶ Sie fahren los. Schließlich haben Sie keine Zeit zu verschenken.	2		
▶ Sie nehmen Flirtkontakt mit einer(einem) anderen Autofahrer(in) auf.		1	
▶ Sie machen autogenes Training gegen die Anspannung.			2
7. Erfinden Sie eine kurze Geschichte, in denen die Worte Tarnkappe, Möhre, Prinz(essin), Krone und Winter vorkommen.			
Lesen Sie erst weiter, wenn Ihnen etwas eingefallen ist. Welche Gedanken kamen Ihnen in den Sinn, als Sie versucht haben, sich eine Geschichte auszudenken?			
▶ Einfach doof. Was soll das?	3		
▶ Ganz schön schwer, alles in eine Geschichte zu packen.		2	
▶ Klasse, das macht wirklich Spaß.			1

	+	+	+
8. Was fällt Ihnen ein, wenn Sie an die Zukunft denken?			
▶ Kommt Zeit, kommt Zukunft.	1		
▶ Da fällt mir eine ganze Menge ein.		2	
▶ Es ist viel zu tun, packen wir es an.			3
9. Sie haben Ihren Haustürschlüssel verloren. Es ist 23 Uhr und Ihr Handy liegt in der verschlossenen Wohnung. Was tun Sie?			
▶ Sie klingeln die Nachbarn aus dem Bett.	2		
▶ Sie gehen zur nächsten Telefonzelle und rufen den Schlüsseldienst an.		3	
▶ Ein Wink des Schicksals. Sie gehen in eine Kneipe, Disco o. Ä., die Nacht ist nicht zum Schlafen da.			1

Auswertung & Interpretation

Zählen Sie Ihren Punktestand anhand des Lösungsstreifens zusammen.

Ihr Ergebnis: Punkte

Sie sind ein wahrer Lebenskünstler!

Weniger als 16 Punkte

Wo das Chaos tobt, sind Sie mittendrin. Sie überlassen alles gern dem Zufall und versuchen dann, das Beste daraus zu machen. In der Regel gelingt Ihnen das auch sehr gut. Ihr Spezialgebiet ist das Unmögliche und mit Ihrem Improvisationstalent setzen Sie sich selbstbewusst über alle Normen, Vorurteile und Traditionen hinweg. Sie lieben das Risiko und geraten deshalb auch immer wieder in brenzlige Situationen, aus denen Sie sich aber durch Mut und Optimismus selbst befreien. Dieses Image gefällt Ihnen, sorgt aber auch dafür, dass Sie öfter mal anecken. Weil es Ihnen so schwer fällt, sich unterzuordnen, stoßen Sie immer öfter auf Kritik.

Improvisation ist nicht Ihre Stärke ...

Zwischen 17 und 21 Punkte

... aber Talent haben Sie ohne Zweifel. Zwei Seelen wohnen da in Ihrer Brust. Entweder Sie sind im Beruf absolut top und stehen dafür im Privatleben öfter mal auf der Leitung – oder umgekehrt. Ihr Improvisationstalent ist nicht so ausgeprägt, dass es Sie alle Klippen umschiffen lässt. Sie treffen Entscheidungen oft aus dem Bauch heraus. Das ist gut, wenn bloß nicht immer dieses schlechte Gewissen wäre. Das macht Sie dann übellaunig und der Kopfmensch in Ihnen gewinnt die Oberhand. Stehen Sie zu Ihren Schwächen, dann können Sie Ihre Stärke richtig einsetzen.

Überraschungen ausgeschlossen!

Mehr als 22 Punkte

Sie lieben keine unerwarteten Überraschungen. Sie haben Ihr Leben fest im Griff und dort ist kein Platz für Unverhofftes. Wahrscheinlich treffen Sie Entscheidungen nur nach reiflichen Überlegungen und niemals spontan – aus dem Bauch heraus. Mit dieser Taktik kommen Sie zwar gut durchs Leben, doch besonders spannend ist es nicht. Was Sie manchmal vielleicht vergessen: Im Zufall verbirgt sich oft auch eine Chance – wollen Sie sich diese Chancen wirklich alle entgehen lassen?

Was verrät Ihre Wohnung über Sie?

Manche sagen, aus der Wohnung eines Menschen lassen sich Rückschlüsse auf den Charakter ziehen. Ob das stimmt, finden Sie mit diesem Test heraus.

Kreuzen Sie nur die Aussagen im Lösungsstreifen an, denen Sie zustimmen können.

	+	+	+
▶ Mich stört es, wenn jemand seinen Hund mitbringt.	**p**		
▶ Ich habe wenig, dafür aber gute Freunde.		**p**	
▶ Einen Umzug organisiere ich am liebsten allein mit guten Freunden.			**m**
▶ Sobald etwas perfekt ist, spornt es mich zu Veränderungen an.	**m**		
▶ Bei mir kommt es selten vor, dass im Kühlschrank gähnende Leere herrscht.		**m**	
▶ Ich kann mich gut auf andere einstellen.			**g**
▶ Ich trage am liebsten bequeme Kleidung.	**g**		
▶ Ich koche selten, aber wenn, dann richtig toll.		**p**	
▶ Wenn Geld keine Rolle spielen würde, möchte ich mit einem Umzugsunternehmen umziehen.			**p**
▶ Ich halte viel von Traditionen, zum Beispiel Familienfeste oder Weihnachten stilvoll feiern.	**s**		
▶ Meine Freundschaften pflege ich intensiv.		**s**	
▶ Ich kann nicht kochen.			**p**
▶ Ich bin nicht besonders ehrgeizig.	**g**		
▶ Zu ordentliche Wohnungen finde ich steril.		**s**	
▶ Manche Menschen behaupten, ich wäre dominant.			**s**
▶ Ich liebe extravaganten Schnickschnack.	**m**		
▶ Ich habe gern mal unerwarteten Besuch.		**g**	

	+	+	+
▸ In einer mit Schnickschnack voll gestopften Wohnung bekomme ich Atemnot.	p		
▸ Bei Möbeln bevorzuge ich eine klare Linie und edlen Stil.		p	
▸ Berufliche Sicherheit ist mir extrem wichtig.			s
▸ Ich weiß, ich bin ein Sammler, aber ich kann mich so schwer von Dingen trennen.	s		
▸ Ich reagiere sehr empfindlich auf Kritik.		p	
▸ Ich arbeite, um zu leben.			g
▸ Meine Freunde sind extrem unterschiedlich.	m		
▸ Ich arbeite zu viel, aber ich liebe meinen Job.		p	
▸ Mit den meisten Menschen komme ich gut aus.			g
▸ Wenn ich mir mein Leben so anschaue, reagiert häufig das blanke Chaos.	m		
▸ Ich verändere regelmäßig etwas in meiner Wohnung.		m	
▸ In meiner Wohnung will ich mich entspannen.			g
▸ Manchmal glaube ich, ich bin zu gutmütig.	g		
▸ Menschenansammlungen verursachen mir Beklemmungen.		p	
▸ Mein Kleiderschrank ist übervoll.			s
▸ Ich habe viele Freunde aus alten Zeiten.	s		
▸ Bei mir ist immer was los.		m	
▸ Ich habe gerne viele Kinder im Haus.			g
▸ Meine Möbel müssen nicht teuer, aber originell sein.	s		
▸ Ich improvisiere gern.		g	
▸ Ich arbeite am liebsten allein.			m
▸ Ich habe einen ausgefallenen Geschmack. Entweder man liebt ihn, oder man hasst ihn.	m		
▸ Ich habe viele kleine Dosen und Schalen – überall ist etwas drin.		s	

Auswertung & Interpretation

Zählen Sie zusammen, wie oft Sie die Buchstaben p, m, g und s angekreuzt haben.

Ihr Ergebnis:	**p =**	**mal**	**g =**	**mal**		
	m =	**mal**	**s =**	**mal**		

Der dominante Buchstabe führt Sie zur passenden Typbeschreibung. Sollten Sie mehrere Buchstaben gleich häufig angekreuzt haben, sind Sie wahrscheinlich ein „Mischtyp". Lesen Sie dann unter diesem Stichwort.

p wie „Der Purist"

Minimalistisch ist die Ausstattung, dafür edel bis ins kleinste Detail. „Weniger ist mehr" könnte das Motto sein. Typisch für Ihr Wohnambiente ist gepflegte Ordnung. Dazu gehört ein blank gewienertes Parkett oder ein hell-beigefarbener Teppichboden. Die Puristen lieben die Konzentration auf das Wesentliche, keinen Schnickschnack, keine farbigen Entgleisungen. Irritiert fragen sich simple Gemüter, wo denn hier wohl der Besen und der Staubsauger stehen. Wahrscheinlich im Keller oder in gut getarnten Einbauschränken.
Doch was steckt dahinter? Wer äußerlich die Ordnung sucht, versucht oft die innere Unordnung zu kaschieren. Eine aufgeräumte Wohnung mit klaren Linien gibt dem Puristen die Illusion, alles unter Kontrolle zu haben. Diese Fassade schützt die sensible Seele und schafft zu Besuchern gleichzeitig eine gewisse Distanz. Etwas mehr Mut zum gewöhnlichen Leben!

g wie „Der Gemütliche"

Ambiente ist das Zauberwort, mit dem der Gemütliche jede Wohnung in eine Wohlfühloase verwandelt. Wer hier unerwartet zu Besuch kommt, muss unter Umständen erst einmal die Katze vom Sofa scheuchen und die Tageszeitung zusammenfalten. Auf den ersten Blick sieht jeder: Hier wird gelebt. Lebensmittelpunkt ist beim Gemütlichen sowieso nicht das Wohnzimmer, sondern die Küche. Dort gibt es immer einen guten Kaffee (wahlweise Tee) und später noch ein Gläschen Rotwein. Geplaudert wird am großen Esstisch, der viel Platz für zahlreiche Besucher bietet. Aber auch in den übrigen Räumen spürt man legeres Lebensgefühl in jedem Winkel. Dort gibt es hand getöpfertes Toskanageschirr oder auch eine blaue

Muranovase. Jedes Stück ist handverlesen und kann eine ganze Geschichte erzählen.
Doch was steckt dahinter? Ein großes Herz. Sie kümmern sich nicht um Statussymbole und Karriere, sondern um das Leben an sich. Das macht Sie sympathisch, doch Großherzigkeit sollte man nicht mit Großzügigkeit verwechseln. Wer bei Ihnen an den Küchentisch darf, der hat es sich (auf die eine oder andere Art und Weise) verdient. Etwas mehr Ehrgeiz, denn bei aller Gemütlichkeit kommt das Wesentliche manchmal zu kurz.

m wie „Der Mobile"

Sie brauchen immer neue Perspektiven. Ständig wird geräumt und verändert, gewerkelt und umgestellt. So viel Flexibilität kann manchem auf die Nerven gehen. Scheinbar handeln Sie einfach nur nach dem Motto: „Hauptsache anders!" Weil bei den ständigen Veränderungen selten etwas perfekt gelingt, wirkt die Wohnung oft irgendwie provisorisch. Dabei sind es meist nur Kleinigkeiten, die zur Perfektion fehlen. Hier die fehlende Glühbirne für die dekorative Stehlampe, dort der Nagel, neben dem an der Wand lehnenden Bild. Ungemütlich ist es deshalb nicht, im Gegenteil, die Kreativität, mit der Mobile wohnliche Probleme angehen, besitzt einen gewissen Charme. Doch was steckt dahinter? Ein lebhaftes Naturell, das mit Routine und Gleichförmigkeit nichts am Hut hat. Indem der Mobile seine Welt ringsum verändert, baut er innerliche Blockaden und Ärgernisse ab. Das ist einfach seine (ihre) Art und Weise, Probleme zu verarbeiten. Doch damit verlagert sich natürlich nur das eigentliche Problem auf einen Nebenkriegsschauplatz. Etwas mehr Problembewusstsein und Mut, Lösungen zu finden, würde für mehr Ruhe sorgen.

s wie „Der Sammler"

Ein Blick in Ihre Wohnung verrät: Hier lebt ein Sammler. Dort eine Kollektion Glücksschweinchen, auf dem Beistelltisch kleine Glasfiguren und die ganze Kühlschranktür voller Magne-

ten. Alles und Jedes wird aufgehoben und zum Sammelobjekt erhoben. Er (Sie) liebt kleine Behältnisse und Kommoden mit vielen Schubladen. Sich von irgendetwas zu trennen, scheint doch so schwer zu sein. Nicht dass Sammelleidenschaft gleichbedeutend mit Unordnung wäre, im Gegenteil, es ist nur einfach zu viel von allem – und zu wenig, auf das man verzichten könnte. Für den Besucher bietet sich ein immer wieder faszinierend neues Bild. Ständig gibt es was zu entdecken und jedes Sammlerstück hat garantiert eine kleine Geschichte. Wer mit offenen Augen durch diese Wohnung geht, erfährt viel von ihrem Bewohner. Manchmal ist ein ganzes Leben dort „sammeltechnisch" dokumentiert.
Doch was steckt dahinter? Leidenschaftliche Sammler haben das Gefühl zu kurz zu kommen. Tief im Innern haben sie Angst verlassen zu werden oder Dinge, die Ihnen viel bedeuten, zu verlieren. Woher diese Unsicherheit rührt, kann ganz unterschiedlich sein. Die einzig wirkungsvolle Therapie: Vertrauen und Sicherheit aufbauen – beide müssen nicht von außen kommen, man kann sie sich auch selbst vermitteln.

Mischtyp

Sie haben bei diesem Test kein klares Ergebnis erzielt? Dann zählen Sie wahrscheinlich zu diesem Misch-Wohn-Typ. Das bedeutet, dass Sie zwar im Kopf eine klare Vorstellung von Ihrer Wohnung haben, sie aber selten konsequent durchziehen können. Mal wollen Sie alles klar und geordnet, sind ad hoc bereit, alles Sammelgut und Nippes über Bord zu werfen, dann wieder werden Sie sentimental und nehmen alles wieder zurück. Der coolen Gestaltungsstrategie folgt die Sehnsucht nach einem kuscheligen Heim mit viel Schnickschnack. Nun kann ein Test niemals genau jede Persönlichkeit treffen, deshalb ist es vielleicht am besten, Sie schauen sich alle Typologien nochmals genau an und wägen ab, welche am ehesten Ihrem inneren Bild entspricht. Vielleicht kommen Sie so Ihrem Wohntyp ein bisschen näher.

Extratipp:

Feng-Shui – die Kunst des Wohnens?

„Wohnen ist Leben“ besagt diese chinesische Lehre. Und: „Das Glück ist nicht blind, sondern lässt sich beeinflussen, wenn wir unsere Umgebung richtig gestalten.“ Immer mehr Menschen finden Gefallen an der fernöstlichen Wohnraumgestalung und lassen ihre Bleibe „Feng-Shui-mäßig“ durchchecken. Feng-Shui ist die Lehre von „Wasser“ (= feng) und „Wind“ (= shui). Damit sollen böse Geister und schädliche Strömungen im Haus bekämpft werden.

Eine Grundregel des Feng-Shui besagt, dass Eingangsbereiche stets freundlich und gut beleuchtet sein sollen, um das Chi – die Energie – hereinzulocken. Damit selbige nicht gleich wieder verschwindet, sollte keine andere Tür (Terrassentür, Hintertür etc.) dem Eingang gegenüber liegen. Für eine positive Arbeitsatmosphäre sorgt man, wenn man nicht mit dem Rücken zur Tür sitzt, sonst sitzt die Spannung im Nacken.

Auch die Himmelsrichtungen spielen eine Rolle bei der fernöstlichen Raumaufteilung. Im Osten lässt sich gut kochen, im Süden gut lieben (= Schlafzimmer).

Und noch ein Tipp zur Einrichtung des Arbeitszimmers: Gen Süden gerichtete Arbeitsplätze versprechen Erfolg und Geld, nördlich orientierte Arbeitsstellen vermitteln Weisheit und tiefe Einsicht.

Welcher Freizeittyp sind Sie?

Was für den einen die pure Erholung, ist für den anderen Freizeitstress pur. So unterschiedlich die Menschen sind, so verschieden sind ihre Interessen. Ob Sie eher aktiv oder passiv sind, erfahren Sie mit diesem kurzen Test.

Entscheiden Sie sich pro Frage für drei Möglichkeiten.

1. Es lebe der Sport. Wenn Sie die Wahl hätten, drei dieser Sportarten einmal auszuprobieren, welche würden Sie wählen?

	+	+	+
▸ Bergsteigen	a		
▸ Paragliding		a	
▸ Bungeejumping			a
▸ Dressurreiten	b		
▸ Skilanglauf		c	
▸ Radfahren			c
▸ Golf	b		
▸ Walking		c	
▸ Jogging			a
▸ Badminton	b		
▸ Windsurfen		b	
▸ Turniertanz			c

2. Wovon träumen Sie?

	+	+	+
▶ Campingurlaub	b		
▶ Sporturlaub		a	
▶ Tauchurlaub			a
▶ Kururlaub	c		
▶ Strandurlaub		c	
▶ Familienurlaub			b
▶ Wellnessurlaub	c		
▶ Robinsonurlaub		a	
▶ Bildungsurlaub			b
▶ Kreuzfahrturlaub	c		
▶ Trekkingurlaub		a	
▶ Kreativurlaub			b

3. Was würde Ihnen richtig Spaß machen?

	+	+	+
▶ ein Diner im Spitzenrestaurant	b		
▶ ein Stammtisch mit vielen Freunden		c	
▶ der Besuch einer Ausstellung altägyptischer Kunst			b
▶ ein Konzertbesuch	b		
▶ ein Top-Tennisspiel live anschauen		c	
▶ ein Zirkusbesuch mit der ganzen Familie			b
▶ einen Abend auf dem Münchner Oktoberfest erleben	a		
▶ einen Wohltätigkeitsball besuchen		c	
▶ eine Aufzeichnung der „Lustigen Musikanten" miterleben			c
▶ eine tolle Party mit interessanten Gästen besuchen	a		
▶ einen romantischen Abend am Lagerfeuer verbringen		a	
▶ bei einem Musikabend im Gemeindesaal mitwirken			a

Auswertung & Interpretation

Zählen Sie zusammen, wie oft Sie welchen Buchstaben angekreuzt haben:

Ihr Ergebnis: a =   b =   c =

Freizeit = Action

Sie sind ein aktiver Mensch und wenn Sie freie Zeit haben, wird die besonders intensiv genutzt. Ob allein oder gemeinsam mit Freunden, Sie sind gerne in Bewegung und haben ständig Lust, Neues auszuprobieren. Ein bisschen Risiko darf es schon sein. Wenn Sie in Ihrem Job an den Schreibtisch gefesselt sind, müssen Sie in der Freizeit für Ausgleich sorgen. Das ist richtig, aber übertreiben Sie es nicht.

a am häufigsten

Abwechslung muss sein

In Ihrer Freizeitgestaltung sind Sie nicht festgelegt. Je nach Lust und Laune entscheiden Sie sich für Bewegung oder Ruhe. Wichtig ist Ihnen nur, die freie Zeit sinnvoll zu nutzen. Und das tun Sie am liebsten gemeinsam mit anderen. Sie sind nicht besonders risikofreudig, können sich am besten mit Vertrauten entspannen, im Idealfall gemeinsam mit Menschen, die Sie mögen. Mit Ihrem Sinn für Gemeinschaft und wenig Lust auf Neues, bewegen Sie sich allerdings stets in bekannten Sphären. Vielleicht entgeht Ihnen dabei leicht etwas Neues?

b am häufigsten

Entspannung tut gut

Sie gehen Ihre Freizeit ziemlich relaxt an. Was passiert, passiert – und wenn nichts passiert, ist es auch gut. Entspannung setzen Sie in erste Linie mit „Ruhe" gleich. Nun kann es sein, dass Ihr alltägliches Leben ohnehin schon aufreibend genug ist, andererseits können aus zu viel Phlegma auch gesundheitliche Probleme erwachsen. Sorgen Sie für etwas mehr Abwechslung und trauen Sie sich mehr zu.

c am häufigsten

Mal dies, mal das

Wenn Sie ein sehr ausgewogenes Ergebnis erzielt haben, dann sind Sie wahrscheinlich ein Mensch, der sich in (fast) jeder Freizeit-Situation zurechtfindet und wohl fühlt. Sie wählen je nach Lust und Laune, haben keine wirklichen Präferenzen, sondern hören immer genau auf Ihr momentanes Gefühl.

Gleiche Buchstaben-Verteilung

Träumen Sie auch von einem Leben voller Liebe, Lust und Leidenschaft? Ob Sie dafür die richtigen Signale aussenden, können Sie in diesem Kapitel austesten. Die sechs Tests auf den folgenden Seiten verraten Ihnen mehr über die Qualität Ihrer Partnerschaft, die Tiefe der Gefühle und die Abgründe Ihrer erotischen Träume. Dazu die Specials: „Weibchen oder Vamp?" und „Macho oder Memme?"

Lust & Liebe

Sind Sie ein Glückskind der Liebe?

Großer Partnertest

Wie glücklich ist Ihre Partnerschaft?

Mit einem anderen glücklich zu werden, das ist die große Sehnsucht vieler Menschen. Doch fürs Gelingen gibt es kein Patentrezept. Wie es um Ihre Partnerschaft steht, können Sie mit folgendem Test herausfinden.

Notieren Sie Ihre Antworten im Lösungsstreifen.

1. Wer sich liebt, hat keine Geheimnisse voreinander.
2. Eine Partnerschaft wird besser, wenn Kinder da sind.*
3. Ein perfektes Paar tut alles gemeinsam.
4. Ich wünsche mir oft ein bisschen mehr Zärtlichkeit.
5. Wenn wir streiten, geht es häufig um finanzielle Dinge.
6. Ich mag die Freunde meines Partners nicht besonders.
7. Ordnung ist nicht gerade die Stärke meines Partners.
8. Auf ihn (sie) kann man sich immer verlassen.
9. Probleme kehren wir oft unter den Teppich.
10. Ich fühle mich von meinem Partner oft missverstanden.
11. Wir haben einen sehr unterschiedlichen Geschmack.

stimmt | stimmt nicht

Sie

stimmt | stimmt nicht

Er

stimmt	stimmt nicht		stimmt	stimmt nicht
		12. Ich habe schon lange kein Geschenk mehr von ihm (ihr) bekommen.		
		13. Bei Streit gebe ich meistens nach.		
		14. Ich traue mich häufig nicht zu sagen, dass ich keine Lust auf Sex habe.		
		15. Es nervt mich, dass mein Partner täglich mit seinen Eltern spricht.		
		16. Unser gemeinsames Leben habe ich mir anders vorgestellt.		
		17. Sein (ihr) Hobby belastet unsere Beziehung.		
		18. Komplimente und nette Worte sind nicht unbedingt alltäglich.		
		19. Ich kann mit meinem Partner nicht über alles reden.		
		20. Ich traue mich nicht, mit ihm (ihr) über sexuelle Wünsche zu sprechen.		
		21. Wir verbringen viel zu viele Wochenenden bei den Eltern.		
		22. Oft hört er (sie) mir nicht zu, wenn ich mit ihm (ihr) rede.		
		23. Unsere Freizeit verbringen wir so, wie er (sie) es sich vorstellt.		
		24. Die ganze Hausarbeit (der Familienunterhalt) bleibt an mir hängen.		
		25. Wir streiten wegen jeder Kleinigkeit.		
		26. Mein(e) Partner(in) könnte ruhig mehr aus sich machen.		
		27. Meinem Partner ist der Job wichtiger als unser Privatleben.		
		28. Früher hat der Sex mir mehr Spaß gemacht.		
		29. Mein(e) Partner(in) macht gern Scherze auf Kosten anderer.		
		30. Liebende können sich die Wünsche von den Augen ablesen.		
Sie			**Er**	

stimmt | stimmt nicht

31. Die Kinder bestimmen den Alltag.*
32. Das Hobby ist wichtiger als ich.
33. Trennung? Darüber habe ich auch schon nachgedacht.
34. Wenn es Streit gibt, stehe ich immer auf verlorenem Posten.
35. Ich wünsche mir mehr Sex mit meinem Partner.
36. Mein(e) Partner(in) ist ein Besserwisser.
37. So richtig gut unterhalten, kann ich mich nur mit anderen.
38. Je leidenschaftlicher die Liebe, desto besser die Partnerschaft.
39. Ich fühle mich oft allein.
40. Wenn ich mich über ihn (sie) ärgere, spreche ich nicht darüber.
41. Wenn ich einen Wunsch habe, erfülle ich ihn mir oft selbst.
42. Auf ein Urlaubsziel können wir uns nur schwer einigen.
43. In Erziehungsfragen haben wir oft unterschiedliche Meinungen.*
44. Im Bett ist es immer gleich, Experimente gibt es nicht.
45. Nie vor den Kindern streiten: Das ist unser Grundsatz. *
46. Auf mich eingehen zählt nicht zu seinen (ihren) Stärken.
47. Ich liebe ihn (sie) noch genauso wie am ersten Tag.
48. Er (sie) liebt Familienfeste über alles.
49. Mein(e) Partner(in) spricht selten über seine (ihre) Arbeit.
50. Ich kann meinem(er) Partner(in) nichts verheimlichen.

Sie | **Er**

stimmt | stimmt nicht

* Wenn Sie keine Kinder haben, fügen Sie in Gedanken „Wenn wir Kinder hätten, ..." ein und versuchen Sie dann, das Statement zu bewerten.

Auswertung & Interpretation

Übertragen Sie nun Ihre Antworten in folgende Tabelle. Gewertet werden nur die Aussagen, denen Sie zugestimmt haben. „Stimmt nicht"-Kreuzchen können Sie außer Acht lassen.

A			B			C			D			E		
	sie	er		sie	er		sie	er		sie	er		sie	er
1.			3.			2.			4.			9.		
8.			6.			5.			14.			13.		
10.			11.			7.			18.			22.		
12.			16.			15.			20.			25.		
19.			17.			21.			26.			29.		
30.			23.			24.			28.			33.		
40.			27.			31.			35.			36.		
37.			32.			34.			38.			39.		
41.			42.			43.			44.			45.		
50.			49.			48.			47.			46.		

Zählen Sie nun die Kreuze, die Sie in den Spalten A, B, C, D und E gemacht haben, zusammen. Haben Sie in einer oder mehreren Reihen mehr als 4 Kreuze gemacht, lesen Sie in der entsprechende Interpretation nach.
Haben Sie weniger als 4 Kreuze gemacht oder in einer Spalte gar keine Punkte gesammelt, spricht alles dafür, dass Ihre Partnerschaft sehr harmonisch und in jeder Hinsicht in Ordnung ist.

Emotionen (A)

Hier geht es um Gefühle. Die positiven, die in ihrer Summe das sind, was man landläufig Liebe nennt. Und die negativen, die kleinen Nadelstiche in der Seele, die mancher Liebe so stark zusetzen.

Ein Partner hat mehr als vier Zustimmungen: Vielleicht fühlen Sie sich in der Partnerschaft oft einsam und unverstanden. Das ist sicher ein deprimierendes Gefühl. Sie sollten dann auch einmal darüber nachdenken, ob Sie Ihrem Partner überhaupt eine Chance geben, Sie zu verstehen. Immer wieder gibt es im Leben Situationen, in denen man sich instinktiv in sich zurückzieht und versucht, Probleme alleine zu meistern. Dann ist es für den Partner schwer, die Wünsche und Bedürfnisse zu erahnen. Viele glauben: Wenn er (sie) mich wirklich liebt, weiß er (sie), was ich brauche und will. Aber das ist falsch! Nur, wer seine Wünsche in Worte fasst, hat eine Chance auch richtig verstanden zu werden.

Ihr Partner hat eine gleich hohe Punktzahl: Hier könnte es Probleme mit der „gleichen Wellenlänge" geben. Dabei hilft nur ein klärendes Gespräch, bei dem beide Seiten ihre Vorstellung von einer „guten" Beziehung verdeutlichen.

Ihr Partner hat eine viel niedrigere Punktzahl: Die emotionalen Probleme sind wohl eher einseitig. Ihr Partner also fühlt sich – im Gegensatz zu Ihnen – wohl und geborgen.

Interessen (B)

Worauf basiert eine wirklich gute Beziehung? Gleiche Interessen – sagen die einen; Gegensätze ziehen sich an – behaupten die anderen. Was jedoch wirklich zählt, ist, den Partner so zu nehmen, wie er ist.

Ein Partner hat mehr als vier Zustimmungen: Wahrscheinlich vertreten Sie die Ansicht, glückliche Paare müssten möglichst viel gemeinsam unternehmen. Doch völlige Interessenharmonie gibt es ganz, ganz selten – und das ist auch gut so. Gegensätzliche Interessen und Meinungen sorgen für Spannung und Anregung. Ein paar frische Impulse, die sich dadurch ergeben, haben noch keiner Beziehung geschadet.

Ihr Partner hat eine gleich hohe Punktzahl: Sie leben wahrscheinlich momentan mehr nebeneinander als miteinander. Beide wünschen Sie sich allerdings wieder mehr Nähe und Gemeinsamkeit. Überlegen Sie gemeinsam, wie sich das bewerkstelligen lässt.

Ihre Punktwerte liegen weit auseinander: Das deutet darauf hin, dass sich einer von Ihnen Freiheiten nimmt, die ihm der andere gar nicht zugestehen möchte. Auch hier muss ein klärendes Gespräch her: Was machen wir gemeinsam? Wo geht jeder eigene Wege? Loten Sie gemeinsam das Maß zwischen wohltuender Nähe und anregender Distanz aus.

Familienverhältnisse (C)

Kein Mensch ist eine Insel und kein Paar lebt glücklich nur für sich allein. Mit einer Partnerschaft vergrößert sich die Familie. Da sind zum einen die eigenen Eltern, die in die Beziehung hineinfunken – und zum anderen vielleicht Kinder, die für eine Partnerschaft nicht immer nur eine Bereicherung sind.

Ein Partner hat mehr als vier Zustimmungen: In Ihrer Familie gibt es Probleme, die Ihre Zweierbeziehung belasten. Die Ursachen können vielfältig sein: Vielleicht hat sich Ihr Partner (oder Sie selbst) noch nicht vollständig vom Elternhaus gelöst. Oder die eigene Familiensituation, sprich das Zusammenleben mit Kindern, wirft Probleme auf.

Ihr Partner hat eine gleich hohe Punktzahl: Das familiäre Umfeld dürfte für Sie beide gleichermaßen belastend sein. Höchstwahrscheinlich stehen Sie beide noch zu sehr unter dem Einfluss der eigenen Eltern und/oder sind mit deren Problemen belastet. Das ist natürlich schwer und führt unterschwellig zu Aggressionen, die die ganze Sache noch komplizierter werden lassen. Konzentrieren Sie sich mehr auf die Beziehung zu Ihrem Partner und lassen Sie sich von anderen nicht so viel hineinreden.

Beide haben eine unterschiedliche Punktzahl: Was eine gute Familie ausmacht, darüber haben Sie beide ziemlich unterschiedliche Ansichten. Ein klärendes Gespräch zu diesem Thema ist dringend erforderlich. Dabei hilft es jedoch wenig, wenn jeder auf seiner Position beharrt, vielmehr sollten Sie versuchen, eine gemeinsame Basis zu finden. Das gilt sowohl für Unstimmigkeiten bei der Kindererziehung als auch bei einer gerechteren Verteilung der häuslichen Aufgabenbereiche.

Sexualität (D)

Erotik und Zärtlichkeit gehören zu den Grundfesten einer Beziehung. Das bedeutet aber nicht, dass sie automatisch auch als Gradmesser für Beziehungsqualität taugen. Immer wieder gibt es im gemeinsamen Leben Situationen, in denen das Sexualleben in den Hintergrund tritt – um dann wieder neu belebt zu werden.

Ein Partner hat mehr als vier Zustimmungen: Druck vermindert das Lustempfinden auf beiden Seiten – und offensichtlich ist das bei Ihnen genau jetzt der Fall. Wahrscheinlich erwarten Sie momentan zu viel von Ihrem Partner. Erotische Stimmung lässt sich nicht per Knopfdruck erzeugen – sprechen Sie darüber.

Ihr Partner hat eine gleich hohe Punktzahl: Das kann daran liegen, dass Sie zu wenig über die sexuellen Bedürfnisse und Wünsche des Partners wissen und über die eigenen nicht sprechen. Auch in aufgeklärten Zeiten fällt es vielen Paaren immer noch schwer, in diesem Bereich Klartext zu sprechen. Trauen Sie sich, dieses Thema anzusprechen. Es lohnt sich.

Ihr Partner hat weniger Punkte: Offentsichtlich ist Ihr Partner nicht so unzufrieden mit dem erotischen Beisammensein wie Sie selbst. Vielleicht gelingt es ihm (ihr) ja, besser über die eigenen Wünsche zu sprechen.

Konfliktbewältigung (E)

Streitereien und Meinungsverschiedenheiten gibt es in jeder Beziehung. Das ist normal und nicht besonders Besorgnis erregend. Aber viele kleine Konflike bergen natürlich immer auch die Gefahr, sich zu einem großen auszuwachsen, wenn man sie beharrlich ignoriert.

Ein Partner hat mehr als vier Zustimmungen: Konflikte in der Beziehung können nur mit gemeinsamen Anstrengungen gelöst werden. Damit haben Sie momentan ein Problem. Wahrscheinlich haben sich – aus welchem Grund auch immer – mehrere kleine Probleme aufgestaut, die nun systematisch gelöst werden sollten.

Ihr Partner hat eine gleich hohe Punktzahl: Alles deutet darauf hin, dass Sie beide versuchen, anstehende Probleme unter den Teppich zu kehren, anstatt sie anzugehen. Dass die schein-

Extratipp:

Worauf es in einer Partnerschaft ankommt – und wo unter Umständen die Schwächen liegen können, hat Ihnen der vorhergehende Test deutlich gezeigt. Um das Ergebnis in eine gewisse Relation zur Realität zu bringen, ist es wichtig, dass Sie einmal die momentane Lebenssituation genau überdenken. Das gemeinsame Leben zweier Menschen ist keine Konstante, die sich gleichmäßig in alle Ewigkeit erstreckt. Es gibt immer Höhen und Tiefen – und nicht selten verlaufen diese „Lebenslinien" völlig gegensätzlich. Es gibt also keinen Grund, bei einem schlechteren Testergebnis als erwartet, gleich die Flinte ins Korn zu werfen. Nehmen Sie sich die kleinen Tipps in der Testinterpretation vielmehr zu Herzen und versuchen Sie Ihren Beitrag zu einer positiven Veränderung zu leisten.

bare Harmonie aber deutliche Risse zeigt, wissen Sie selbst gut genug. Es ist Zeit für eine offene Aussprache. Wichtig: Lassen Sie den anderen ausreden und beantworten Sie seine Kritik nicht gleich mit Gegenvorwürfen.

Ihr Partner hat einen anderen Punktwert: Wenn's Probleme gibt, dann ist einer von beiden offensichtlich Meister der Verdrängung. Das bedeutet, er ist sich der schwierigen Situation nicht bewusst. Statt Vorwürfe braucht er (sie) Verständnis, um wieder eine gemeinsame Basis zu finden.

Extratipp:

Patentrezepte für glückliche Partnerschaften

Gleich und Gleich gesellt sich gern oder Gegensätze ziehen sich an? Weisheiten, die der Volksmund kennt, stehen jetzt auch auf dem wissenschaftlichen Prüfstand.

- *Gleich und Gleich gesellt sich gern, das haben zahlreiche wissenschaftliche Untersuchungen ergeben. Die meisten Menschen suchen mit Vorliebe Partner gleichen Schlages. Ob gesellschaftlicher Status, Bildungsniveau und Konfession; Temperament, Weltanschauung und Stressverhalten – in glücklichen Beziehungen sind die meisten Partner auf dem gleichen Level. Auch körperliche Ähnlichkeiten kommen häufig vor.*
- *Gegensätze ziehen sich an, so wie Irren menschlich ist. Denn von der gegensätzlichen Anziehungskraft als Glücksgarant halten die Forscher wenig. Was sich anzieht, stößt sich auch ab – und das besonders heftig. Andererseits scheinen Partnerschaften, die offensichtlich auf Gegensätzlichkeit beruhen, doch eher auf Gleichschaltung aus zu sein. Was der eine nicht hat, bringt der andere mit – zusammen sind sie ein perfektes Ganzes.*

Sind Sie der geborene Single?

Leben Sie gern alleine oder brauchen Sie einen Partner, um rundum glücklich zu sein? Ob Sie der geborene Single sind, erfahren Sie hier.
Kreuzen Sie Ihre Antworten im Lösungsstreifen an.

1. Sie sind ...

a) ... ein Einzelkind.
b) ... mit Geschwistern aufgewachsen.
c) ... mit einem Bruder/einer Schwester aufgewachsen.

2. Eine Beziehung bedeutet ...

a) ... nicht mehr einsam zu sein.
b) ... nicht unbedingt eine Veränderung.
c) ... Kampf um die eigene Position.

3. Wovon träumen Sie am häufigsten?

a) Von Tieren.
b) Von Menschen, die ich kenne.
c) Kann mich nicht erinnern.

4. Was tun Sie, wenn Sie sich entspannen wollen?

a) Ins Fitnessstudio gehen.
b) Am Computer spielen.
c) Ich schaue fern.

5. „Kinder sind einfach wunderbar." Wie stehen Sie zu dieser Aussage?

a) Ja, wenn sie anderen gehören.
b) Ganz meine Meinung.
c) Damit kann ich nichts anfangen.

+	+	+
a		
	b	
		c
a		
	b	
		c
a		
	b	
		c
a		
	b	
		c
a		
	b	
		c

		+	+	+
6.	**Single zu sein, bedeutet für mich ...**			
a)	... warten bis der (die) Richtige kommt.	a		
b)	... suchen, finden, weitersuchen ...		b	
c)	... hoffen, dass mir bald der (die) Richtige über den Weg läuft.			c
7.	**Was ist für Sie ein „One-Night-Stand"?**			
a)	Wahnsinn in Zeiten von Aids.	a		
b)	Das Beste am Single-Dasein.		b	
c)	Ganz schön aufregend.			c
8.	**Wie stellen Sie sich Ihr Alter vor?**			
a)	Zusammen mit einem Partner leben.	a		
b)	In eine Senioren-WG ziehen.		b	
c)	Allein, aber umgeben von guten Freunden.			c
9.	**Wie lenken Sie sich ab, wenn eine Beziehung gescheitert ist?**			
a)	Ein gutes Buch und ab ins Bett.	a		
b)	Ich lasse mich von Freunden trösten.		b	
c)	Ich gehe aus und suche Ersatz.			c
10.	**Sex ist ...**			
a)	... die schönste Nebensache der Welt.	a		
b)	... der Grund, warum ich lebe.		b	
c)	... nur in Verbindung mit Liebe wirklich schön.			c
11.	**Welche Erinnerungen verbinden Sie mit früheren Beziehungen?**			
a)	Nur die besten.	a		
b)	Wenn ich da an den (die) Erste(n) denke ...		b	
c)	Beziehungen? Nichts als Stress.			c

Auswertung & Interpretation

Übertragen Sie Ihre Antworten in folgende Bewertungstabelle:

	1	2	3	4	5	6	7	8	9	10	11
a	10	0	1	10	2	6	1	5	2	6	4
b	5	10	10	5	6	10	5	10	6	8	8
c	1	5	5	1	10	0	10	2	10	2	10

Zählen Sie Ihre Punkte zusammen.

Ihr Ergebnis: Punkte

Der geborene Single!

75 und mehr Punkte

Warum haben Sie diesen Test überhaupt gemacht? Sie wussten doch genau: Sie sind der geborene Single. Ihre Beziehungen, wenn Sie denn welche hatten, waren stets kompliziert und anstrengend. Sie haben wahrscheinlich einen großen Freundeskreis und sind ständig „on the road". Einsamkeit kennen Sie nicht. Wenn's einen idealen Partner für Sie gibt, dann ist er (sie) aus dem gleichen Holz geschnitzt.

Extratipp:

Immer mehr Singles suchen ihr Glück via Internet. Chatrooms, Single-Börsen und Partnervermittlungen tummeln sich zu Tausenden in dieser virtuellen Welt. Immer häufiger finden auf diese Weise Partner zueinander. Ausprobieren lohnt sich auf alle Fälle.

Single auf Zeit!

74 bis 40 Punkte

Sie sind Single, aber nicht wirklich zufrieden mit Ihrem Leben. Sie haben das Gefühl, es ist Zeit etwas Neues auszuprobieren. Immer häufiger beschleicht Sie auch das Gefühl, etwas Entscheidendes zu verpassen. Bei der Suche nach dem richtigen Partner/der richtigen Partnerin hatten Sie allerdings bislang nicht viel Glück. Wenn Sie sich verlieben, dann mit Haut und Haaren. Und gerade weil Sie Ihr Glück so festhalten, gleitet es Ihnen so schnell wieder aus den Händen. Setzen Sie sich deshalb nicht selbst unter Druck und gehen Sie die Partnersuche ruhig etwas gelassener an.

Bereit für eine Beziehung!

Weniger als 39 Punkte

Sie sind Single, aber Sie sind es nicht gerne. Vielleicht spukt Ihnen eine vergangene Beziehung noch im Kopf herum oder Sie müssen sich von der letzten Enttäuschung erst noch erholen. Einsamkeit wird auch allmählich zum Problem und Sie beneiden andere um deren Glück. Schlechte Voraussetzungen für eine Partnersuche. Bleiben Sie cool und versuchen Sie endlich mit „alten" Geschichten abzuschließen. Dann sind Sie bereit für Neues. Und sicher wartet das große Glück schon an der nächsten Ecke.

Test

Ist es wahre Liebe?

Meint er (sie) es ernst mit Ihnen? Oder ist es nur ein Strohfeuer? Fragen, die nicht nur frisch Verliebte brennend interessieren! Die Antworten gibt's hier.

Markieren Sie Ihre Antworten im Lösungsstreifen

+ + + +

1. Voller Sehnsucht sitzen Sie am Telefon. Gerade erst haben Sie mit ihm (ihr) gesprochen. Noch mal anrufen? Oder lieber doch nicht? Da klingelt das Telefon erneut.

- Klar, das ist er (sie). Das kommt öfter vor. **a**
- Das macht er (sie) nicht, nur wenn unser Gespräch unterbrochen wurde. **b**
- Kommt schon vor, aber meistens haben wir uns davor gestritten und er (sie) will alles wieder gutmachen. **c**
- Warum sollte er (sie) mich noch mal anrufen. An telepathische Fähigkeiten glaube ich nicht. **d**

2. Wem von Ihnen beiden geht beim Knutschen zuerst die Luft aus?

- Wir können beide nicht genug davon kriegen. **a**
- Mir natürlich. Er (Sie) hat ein unglaubliches Lungenvolumen. **b**
- Er (Sie) gibt auf. Na ja, vielleicht bin ich ja auch zu wild. **c**
- Ihm (Ihr) in letzter Zeit immer öfter. **d**

3. Sie besuchen zum ersten Mal gemeinsam ein Fest. Wie verhält sich Ihr Partner?

- Wie? Zuckersüß. Stellt mich allen Freunden vor und weicht nicht von meiner Seite. — a
- Na wie schon? Wenn ich mich langweile, ist er (sie) da. — b
- Oh, war das nervig. Ständig ist er (sie) um mich rumgewuselt. Und dann diese merkwürdigen Leute. — c
- Oh, Mann, das war der Hit. Ich stehe doof in der Landschaft und er (sie) amüsiert sich königlich – ohne mich. — d

4. Wie reagiert er (sie) auf Kritik?

- Da gibt's nichts zu kritisieren. — a
- gleichgültig — b
- traurig — c
- beleidigt — d

5. Welcher Liebesbrief könnte von Ihnen stammen?

- Geliebter/Geliebte, als ich heute morgen aufwachte, warst du nicht mehr da. Ich drückte mein Nase in dein Kissen und atme deinen Duft. Ich denke an die Küsse letzte Nacht. Komm bald wieder. — a
- Liebster/Liebste, ich habe versucht, dich zu vergessen. Aber es gelingt mir nicht. So unvernünftig wie jetzt, war ich noch nie. Ich muss dich einfach wiedersehen. Bitte melde dich! — b
- Lieber/Liebe, ja, ich habe mich in dich verliebt. Das sollte ich eigentlich nicht schreiben, denn wir brauchen noch Zeit, uns besser kennen zu lernen. Hast du so viel Geduld? — c
- Mein Liebster/meine Liebste, ich mag keine großen Worte, doch ich möchte dir sagen, wie viel du mir bedeutest. Die letzten Tage haben mir gezeigt, dass wir zusammengehören. Empfindest du auch so? Entäusche mich nicht. — d

6. Wie verhält er (sie) sich nach dem Sex?

	+	+	+	+
▶ Er (sie) ist zärtlich und liebevoll.	a			
▶ Er (sie) schläft ein.		d		
▶ Er (sie) schaltet den Fernseher ein.			c	
▶ Er (sie) will wissen: War ich gut?				d

7. Er (sie) ist für eine Woche geschäftlich unterwegs. Wann meldet er (sie) sich?

▶ Sobald er (sie) angekommen ist.	a			
▶ Gleich, wenn er (sie) zurückkommt.		b		
▶ Wenn er (sie) es nicht macht, tue ich es.			c	
▶ Na, er (sie) wird sich schon melden.				d

8. Wie haben Sie sich kennen gelernt?

▶ Oh, wir haben uns zuerst nur gesehen. Und irgendwann hat er (sie) mich angesprochen.	a			
▶ Och, wir kannten uns schon länger. Und irgendwann hat es gefunkt.		b		
▶ Zuerst war nur ein Blickkontakt. Irgendwann habe ich ihn (sie) dann angesprochen.			b	
▶ Ohne Worte standen wir plötzlich voreinander. Wie ein Blitz aus heiterem Himmel hat es mich getroffen.				b

9. Sie vertrauen ihm (ihr) ein Geheimnis an. Hört er (sie) aufmerksam zu?

▶ Oh, ja. Ich glaube, momentan interessiert er (sie) sich nur für mich und für das, was ich sage.	a			
▶ Zuhören: ja. Verstehen: nein.		c		
▶ Ja, schon. Aber es darf nicht zu langatmig sein.			c	
▶ „Aufmerksam" kann man nicht sagen, wenn nebenbei der Fernseher läuft.				d

10. Hat er (sie) interessante Geschichten zu erzählen?

- Oh, ja, ich könnte mich halbtot lachen. — a
- Ja, aber nur, wenn andere dabei sind. — b
- Kommt darauf an. Mal so, mal so. — c
- Oh je, nicht schon wieder ... — d

11. Können Sie sich vorstellen, dass er (sie) Sie schon einmal angelogen hat?

- Würde er (sie) nie machen. Schwindeln ja, lügen nein. — a
- Ist schon passiert. Eine so dumme Ausrede hätte ich ihm (ihr) gar nicht zugetraut. — b
- Na, ich weiß nicht. Jetzt, wo Sie mich so direkt fragen ... — c
- Ja, das kann ich. Er (Sie) wird jedesmal rot. Einfach süß. — d

12. Macht er (sie) sich schön für Sie?

- Richtig niedlich. Er (Sie) merkt genau, was mir gefällt und zieht es immer wieder an. — a
- Er (Sie) gibt sich Mühe. Allmählich weiß er (sie) auch, worauf ich stehe. — b
- Nicht wirklich. Ich glaube, Äußerlichkeiten sind ihm (ihr) nicht so wichtig. — c
- Immer dasselbe. Der Stil scheint sehr einprägsam. — d

Auswertung & Interpretation

Für jedes a, das Sie angekreuzt haben, erhalten Sie 20 Punkte, für jedes b, das Sie angekreuzt haben, erhalten Sie 10 Punkte.

Für jedes c, das Sie angekreuzt haben, erhalten Sie 5 Punkte, für alle d, die Sie angekreuzt haben, gibt es leider keine Punkte.

Zählen Sie nun alle Punktwerte zusammen:

Ihr Ergebnis: Punkte

Genau der (die) Richtige!

Mehr als 170 Punkte

Sie haben ihn gefunden, den Partner fürs Leben! Überrascht? Wahrscheinlich nicht, denn im tiefsten Innern haben Sie es schon eine Weile gespürt, dass es diesmal etwas anderes ist. Wenn Sie lange Single waren, ist es völlig normal, dass Ihnen diese Erkenntnis die Schweißperlen auf die Stirn treibt. Im Zeitraffer läuft dann die Zukunft vor Ihnen ab. Hochzeit, Eigenheim, Kinder, Rente. Wollen Sie das wirklich? Ja, Sie wollen und jetzt haben Sie auch noch genau den (die) Richtige(n) an Ihrer Seite. Lassen Sie sich nicht verunsichern, halten Sie Ihr Glück fest – mit beiden Händen.

Liebe mit kleinen Macken!

Zwischen 165 und 95 Punkte

Das ist die wahre Liebe, doch leider ist sie nicht bedingungslos. Er (Sie) liebt Sie – keine Frage. Doch wird das auch halten. Er (Sie) ist unsicher, was die eigenen Gefühle angeht. Oder er (sie) ist sich nicht sicher, ob seine (ihre) Gefühle erwidert werden. Viele Menschen tun sich auch schwer, wahre Gefühle zu zeigen. Da hilft nur eins: genau hinschauen, hinhören und fühlen. Dann lassen sich Unklarheiten am schnellsten aus dem Weg räumen. Hören Sie auf Ihre innere Stimme und haben Sie keine Angst vor der Wahrheit. Selbst wenn es nicht die große Liebe ist, so lässt sich doch mit Liebe allein auch schon sehr glücklich leben.

Lauwarme Leidenschaft!

Zwischen 90 und 50 Punkte

Also mal ganz ehrlich, die heiße Liebe ist es wohl nicht. So wie ein Strohfeuer verbrennt sie ziemlich schnell und lässt keine wärmende Glut zurück. Sie sind eher gute Freunde, als ein leidenschaftlich liebendes Paar. Was können Sie also tun? Das Feuer genießen, solange es brennt. Momentan brauchen Sie einander: Er (Sie) respektiert Sie. Er (Sie) mag Sie. Er (Sie) wäre ein guter Freund/eine gute Freundin. Und davon hat man ja bekanntlich nie genug. Wie es mit Ihnen beiden weitergeht, müssen Sie selbst entscheiden. Wählen Sie klug!

Weniger als 45 Punkte

Finger weg!

Mit Liebe hat das doch alles nichts zu tun – wenn Sie mal ganz ehrlich mit sich selbst sind. Er (Sie) nutzt Sie höchstwahrscheinlich nur aus und denkt dabei nur an sich selbst. Er (Sie) braucht wahrscheinlich ein Publikum, dass ihm immer wieder Applaus spendet, aber dafür sind Sie sich doch eigentlich zu schade. Recht so, denn mit solchen Typen (Frauen) sollten Sie nicht Ihre Zeit vertrödeln. Ziehen Sie sich freundlich, aber bestimmt zurück. Machen Sie sich rar, auch wenn's schwer fällt. Kann ja sein, dass er (sie) dann doch plötzlich die wahre Liebe für Sie entdeckt. Ob Sie die dann aber noch wollen, müssen Sie selbst entscheiden.

Extratipp:

Streicheleinheiten

Wissen Sie, wie oft sich harmonische Paare täglich und durchschnittlich berühren? Die Statistik weiß es: 38,7-mal. Wenn es mit der Harmonie nicht stimmt, dann reduziert sich auch der Körperkontakt – auf 11,6 Berührungen.

Verliebte fallen sich täglich rund 7,6-mal um den Hals, in abgekühlten Beziehungen tun sie es nur noch 0,4-mal (oder alle drei Tage).

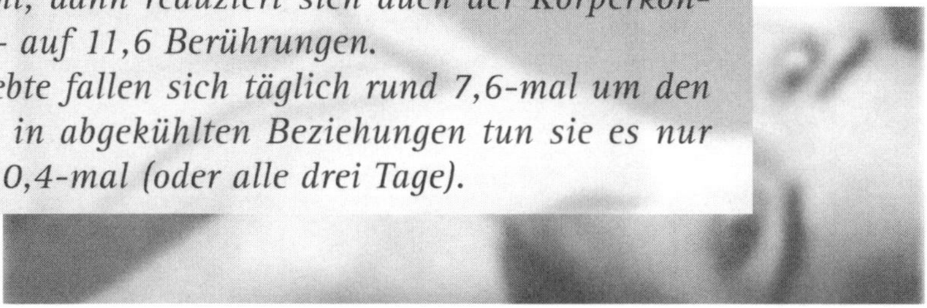

Test

Erotische Fantasien: Und wovon träumen Sie?

Entdecken Sie Ihre verborgenen Sehnsüchte. Dieser Test verrät Ihnen, was Sie vielleicht selbst noch nicht ahnen, aber gern einmal erleben möchten.

Ihre Antworten vermerken Sie im Lösungsstreifen.

		ja	nein
1.	Finden Sie es eher abstoßend, wenn ein Paar sich in der Öffentlichkeit küsst?	a	o
2.	Würden Sie gerne die Rolle von James Bond (oder einer weiblichen Ausgabe davon) spielen?	c	o
3.	Stehen Sie auf Partys gerne im Mittelpunkt?	b	p
4.	Manche behaupten, frischer Schweiß sei erotisch. Denken Sie genauso?	a	o
5.	Ekelt es Sie, wenn jemand mit den Fingern isst?	a	p
6.	Bei einer CD mit klassischer Musik haben Sie die Wahl zwischen Mozart und Wagner. Entscheiden Sie sich für Wagner?	c	o
7.	Lieben Sie es, jemanden rundum zu verwöhnen?	d	p
8.	Geben Sie viel Geld für modische Dinge aus?	b	o
9.	Tut es Ihnen gut zu wissen, dass Sie gebraucht werden?	d	o
10.	Lassen Sie sich eine gut-designte Visitenkarte etwas kosten?	b	p
11.	Haben Sie es gern, wenn er (sie) im Restaurant für Sie mitbestellt?	d	o
12.	Lehnen Sie Sex ohne Liebe grundsätzlich ab?	a	p
13.	Hören Sie gerne Komplimente über Ihr Äußeres?	b	o
14.	Fühlen Sie sich in einer Gruppe geborgen?	d	p
15.	Lieben Sie Volkstänze?	a	o
16.	Mögen Sie Sex am liebsten, wenn das Licht aus ist?	a	o
17.	Wollen Sie im Team immer derjenige sein, der das letzte Wort hat?	c	o

	ja	nein
18. Haben Sie sich schon öfter gewünscht, einen Mann (eine Frau) im Sturm zu erobern?	d	o
19. Wären Sie gern ein Adler?	c	p
20. Sitzen Sie im Kino lieber außen als in der Mitte?	c	o
21. Würden Sie sich gern mit einem Star fotografieren lassen?	b	p
22. Mögen Sie Operetten?	a	o
23. Gehen Sie gerne wandern?	a	p
24. Schmeichelt es Ihnen, in einem Nobelrestaurant namentlich bekannt zu sein?	b	p
25. Könnten Sie sich vorstellen, im nächsten Leben Callgirl oder Callboy zu sein?	d	o
26. Legen Sie viel Wert auf Ihr Äußeres?	b	o
27. Lieben Sie das Gefühl von Überlegenheit?	c	p
28. Mögen Sie die Farbe Rot?	b	p
29. Mögen Sie Katzen, weil sie eigensinnig sind?	c	p
30. Haben Sie lieber einen Mann zum Chef?	d	o
31. Tarzan und Jane – wäre eine von beiden eine Rolle, die Sie gern spielen würden?	d	p
32. Sitzen Sie lieber am Steuer als auf dem Beifahrersitz?	c	o

Auswertung & Interpretation

Wenn Sie alle Fragen beantwortet haben, zählen Sie Ihre Buchstabenwerte zusammen. o Und p werden nicht mitgezählt.

Ihr a-Wert: b-Wert: c-Wert: d-Wert:

Der jeweils dominante Punktwert (mehr als 4 Punkte) führt Sie zu dem Typ, dem Sie am ehesten entsprechen. Bei mehreren gleich hohen Punktwerten lesen Sie beide Interpretationen, denn gerade die erotischen Fantasien können sehr facettenreich und widersprüchlich sein.

Extratipp:

Da schau an!
Rund 80 Prozent der deutschen Frauen schauen zu, wenn ihr Partner zum Höhepunkt kommt. Aber nur 31 Prozent der Männer riskieren einen Blick auf die Partnerin.

Romantische Gefühle statt purer Erotik

a-Typ

Unendliche Zärtlichkeit, sanfte Berührung und romantische Liebesbotschaften kommen Ihrer Vorstellung von wahrer Liebe wohl am nächsten. Erotik und Sex kommen da nicht vor – und wenn, dann nur als letztes Tüpfelchen auf dem i. Über die diversen Spielarten sexuellen Verlangens machen Sie sich wenig Gedanken. Möglicherweise liegt der Ursprung für eine solche Denkweise im Elternhaus, wo solche Themen tabu waren. Allerdings sollten Sie sich allmählich von der Vorstellung lösen, dass alles Körperliche im Gegenzug das Romantische auslöscht. Im Gegenteil: Wahre Liebe wird durch mehr erotische Fantasie noch erfüllter – probieren Sie es aus!

Sex, Spaß und Show: Erlaubt ist, was gefällt

b-Typ

Sie hassen nichts mehr als das Normale. Erlaubt ist, was gefällt und das kann in Ihrer Fantasie eine ganze Menge sein. Sie mögen es, im Mittelpunkt zu stehen, begehrt, beachtet und umworben zu werden. Um Ihren Mut und die Fähigkeit, ande-

Extratipp:

Sprachlos!
Sexuelle Fantasien haben alle, doch die meisten reden nicht darüber. Etwa 90 Prozent aller Männer und Frauen machen aus ihren erotischen Träumen ein Geheimnis – schade!

re mitzureißen, werden Sie oft beneidet. Doch dahinter steckt selten ein hohes Selbstwertgefühl, sondern eher das Talent zur perfekten Selbstdarstellung. Wahrscheinlich mussten Sie im Elternhaus hart um Anerkennung kämpfen und konnten – in ihren eigenen Augen – nie den Ansprüchen der Familie genügen. Die Rechnung dafür zahlen Sie jetzt: Immer auf der Bühne stehen und gute Laune auszustrahlen ist nämlich verdammt anstrengend – und nötig haben Sie es auch nicht mehr. Sie kommen auch ohne Show gut an.

Im Bett und im Leben: Sie sagen, wo's langgeht

Machtgefühle spielen in Ihrem Leben eine große Rolle. Deshalb **c-Typ**
wollen Sie nie das Zepter aus der Hand geben und stets selbst bestimmen, wie und wo man Sie glücklich macht. In puncto Erotik kann das bedeuten, dass Sie zwar den Partner/die Partnerin reizen, ihn (sie) jedoch in letzter Konsequenz im Regen stehen lassen. Wahrscheinlich mussten Sie sich in Ihrer Kindheit stets gegenüber anderen behaupten und haben deshalb die Erfahrung gemacht, dass Sie nur dann zurechtkommen, wenn Sie selbst die Spielregeln festlegen. Dieser Entschluss blockiert sie. Versuchen Sie sich ohne Wenn und Aber verwöhnen zu lassen. Der Lustgewinn lässt nicht lange auf sich warten.

Die wahre Lust: totale Hingabe

Die wahre Lust bedeutet für Sie, sich rundum verwöhnen zu **d-Typ**
lassen. Eigeninitiative kommt dabei allerdings ein bisschen zu kurz. Natürlich sind Sie ein Genießer/eine Genießerin und denken sicher, wahre Lust ist auf keinem anderen Weg erreichbar. Diese Einstellung zur Sexualität hat sicher auch einen Ursprung in der Kindheit, in der Sie sich vielleicht die Zuneigung der Eltern durch tadelloses Verhalten „verdienen" mussten. Doch das ist vorbei: Lernen Sie, die eigenen erotischen Wünsche ebenso ernst zu nehmen, wie die des Partners/der Partnerin. Die wahre sexuelle Erfüllung im Bett finden oft nur zwei gleichberechtigte Partner.

Test

Wie gut sind Sie im Bett?

Haben Sie über diese Frage schon einmal ernsthaft nachgedacht? Was ist das überhaupt „gut im Bett"? Sie wissen es nicht? Mit diesem Test lernen Sie Ihre Qualitäten kennen! Die Antworten markieren Sie im Lösungsstreifen.

1. Wann haben Sie am häufigsten Sex?

	+	+	+
a) Am Wochenende – da sind wir ungestört.	a		
b) Immer dann, wenn wir gerade Lust haben.		b	
c) Immer dann, wenn er (sie) mich anmacht.			c
d) Früh am Morgen vor dem Aufstehen.	d		

2. Wann ergreifen Sie die Initiative?

a) Wenn gerade Zeit ist und beide in Stimmung sind.	a		
b) Überraschend, wenn er (sie) nicht damit rechnet.		b	
c) Ich lasse mich lieber verführen.			c
d) Jedenfalls öfter, als mein Partner/meine Partnerin.	d		

3. Welche Verführungsvariante liegt Ihnen?

a) Ich knabbere an seinem (ihrem) Ohrläppchen und bedecke seinen (ihren) Körper mit Küssen.	a		
b) Ich lege ein Porno-Video ein und warte bis die Begierde erwacht.		b	
c) Ich spiele mit mir selbst und hoffe, dass der Funke überspringt.			c
d) Ich sage: „Wäre es nicht mal wieder nett, Sex zu haben?"	d		

4. Worauf sollte man beim Vorspiel achten?

a) Darauf, dass er (sie) nicht zu früh zum Höhepunkt kommt.	a		
b) Darauf, dass die Frisur nicht zerstört wird.		b	
c) Auf nichts, einfach laufen lassen.			c
d) Och, da gibt es eine ganze Menge, zum Beispiel ...	d		

		+	+	+
5.	**Wie würden Ihre Freunde/Freundinnen die Art beschreiben, wie Sie auf Frauen (Männer) zugehen?**			
a)	provozierend und offen	a		
b)	verführerisch und geheimnisvoll		b	
c)	freundlich und charmant			c
d)	kameradschaftlich und zurückhaltend	d		
6.	**Zum Höhepunkt zu kommen ist ...**			
a)	anstrengend, aber es lohnt sich.	a		
b)	super, aber auch der Weg dorthin lohnt sich.		b	
c)	manchmal nicht den Aufwand wert.			c
d)	mein gutes Recht.	d		
7.	**Haben Sie einen Trick, wie Sie zum Höhepunkt kommen?**			
a)	Ja. Licht aus, Augen zu und an einen anderen/eine andere denken.	a		
b)	Spiegel und Licht, sehen was abgeht.		b	
c)	Ganz viele Wege führen nach Rom.			c
d)	Wenn er (sie) gut im Bett ist, braucht man keine Tricks.	d		
8.	**Welche Worte kommen denen am nächsten, die Sie beim Sex verwenden?**			
a)	Ja, oh ja, mehr, mehr, so ist es gut ...	a		
b)	Schatzi, können wir mal was anderes ausprobieren ...		b	
c)	Mmmh, ohhh, (Ruhe) oooahhh ...			c
d)	Ein bisschen mehr nach rechts, nein, das war zu weit ...	d		
9.	**Sie haben nur einen Abend im Monat, der Ihnen beiden allein gehört. Wie gestalten Sie ihn?**			
a)	Schau'n wir mal, dann sehen wir schon.	a		
b)	Schnelles Abendessen und Dessert im Bett.		b	
c)	Wichtig ist es zusammen zu sein. Was passiert, ergibt sich von selbst.			c
d)	Auf die Reihenfolge kommt es an: Sex, essen, Sex ...	d		

10. Sie haben die Wahl: Wo soll es passieren?

a) Im Fahrstuhl: Nothalt drücken und los geht's.
b) Auf der Toilette im Flugzeug: Schön leise sein und Gefahr spüren, entdeckt zu werden, genießen ...
c) Egal wo, Hauptsache es passiert ...
d) Vor dem Fernseher, wenn man gleichzeitig hingucken kann.

11. Welches „Zubehör" gehört für Sie zum Sex?

a) Kondome, Schaumzäpfchen, Taschentücher ...
b) Massageöl, Spiegel, Kerzenlicht ...
c) „Zubehör"?
d) Vaseline, Handtuch ...

12. „Männer sind für ihren Orgasmus allein verantwortlich." Was halten Sie von dieser Behauptung?

a) Na ja, etwas Mithilfe darf schon sein.
b) Ganz meine Meinung.
c) Wenn's im Bett stimmt, braucht man darüber nicht nachzudenken.
d) Hilfst du mir, helfe ich dir.

Auswertung & Interpretation

Übertragen Sie Ihre Antworten in folgende Bewertungstabelle:

	1	2	3	4	5	6	7	8	9	10	11	12
a	5	10	5	10	10	10	0	20	10	10	10	10
b	20	20	20	0	20	20	10	5	20	20	20	0
c	10	5	10	20	10	5	20	5	10	5	0	20
d	20	5	5	5	5	0	5	0	20	0	0	5

Ihr Ergebnis: Punkte

Mehr als 190 Punkte

Sex ist für Sie die schönste Sache der Welt. Sie sind das, was man ein Naturtalent nennt – und die Behauptung „gut im Bett" ist eine glatte Untertreibung. Dabei geht es nicht in erster Linie um raffinierte Techniken und ein reichhaltiges Stellungsrepertoire. Sie besitzen ebenso das nötige Einfühlungsvermögen auf den Partner/die Partnerin einzugehen und das Selbstbewusstsein, die eigenen Wünsche mit einzubringen. Sie können sich fallen lassen und genießen, sind gleichermaßen aktiv und übernehmen das Kommando. Sex macht Spaß! – das ist Ihre Devise.

185 bis 100 Punkte

Ihr Spaß am Sex ist die Summe von Erfahrung und Talent. Können Sie sich noch an das erste Mal erinnern? Und dann der Vergleich zu heute? Da hat sich doch einiges getan, oder? Und die Früchte Ihrer Bemühungen dürfen Sie heute ernten. Manchmal haben Sie einen leichten Hang zum Perfektionismus und deshalb fällt der eigene Genuss dann etwas dürftig aus. Sie übernehmen gerne die Rolle des Dirigenten und vergessen darüber, auf die eigenen Körpersignale zu achten. Geben Sie sich öfter hin und denken Sie nicht so viel über „guten Sex" nach. Dann werden Sie noch mehr Spaß haben: Garantiert!

95 bis 40 Punkte

Leider trauen Sie sich in puncto Sex nicht besonders viel zu. Schade, denn es entgeht Ihnen was. Im Bett sind Sie oft unsicher, was er (sie) als Nächstes erwartet, machen lieber nichts, als das Falsche. Natürlich träumen Sie ab und an von wirklich unglaublichen Dingen, doch fehlt Ihnen der Mut, die Träume wahr werden zu lassen. Gerne würden Sie in die Haut einer (eines) anderen schlüpfen und derart hemmungslos genießen. Allein Ihr Kopf ist es, der Sie daran hindert. Das Denken jedoch gehört nicht zum guten Sex, sondern das Gefühl – und das sitzt anderswo. Geben Sie öfter mal den unterdrückten Gelüsten nach und verwirklichen Sie Ihre Träume. Fangen Sie gleich heute damit an.

Extratipp:

Epizentrum der Leidenschaft!
Ob G-Spot oder U-Punkt – darüber streiten sich die Männer. Den so genannten G-Point fand der Gynäkologe Gräfenberg in den prüden 50er-Jahren. Seiner Theorie nach ist das eine besonders erogene Stelle in der inneren vorderen Scheidenwand. Ein paar Jahrzehnte später erklärte der US-Forscher McKenna den G-Point für nichtig und fand den U-Spot. U steht für „Uretha" (also Harnleiter). Er glaubte den ultimativen Orgasmuspunkt der Frau rund um den nervenumwobenen Harnleiter gefunden zu haben. Fragt sich nur, warum es nur die Männer sind, die sich dafür interessieren.

Weniger als 35 Punkte

Mit Sex haben Sie nichts am Hut, ohne ihn geht es Ihnen auch ganz gut – denken Sie. Sie haben diese Facette des Lebens einfach aus Ihrem Leben verbannt. Die Gründe für diese Einstellung werden wohl Ihr Geheimnis bleiben – und das ist absolut okay. Doch bedenken Sie: Sexuelles Erleben ist ein Teil von Ihnen, auch wenn Sie es momentan nicht akzeptieren können. Vielleicht, irgendwann, mit dem richtigen Partner ...

Extratipp:

Von 0 auf 100 in 11 Minuten!
Im Durchschnitt brauchen Frauen 11 Minuten, um zum Orgasmus zu gelangen. Und: Je älter Frauen sind, desto schneller geht es. Lustempfinden hat also auch etwas mit Reife und Erfahrung zu tun. Gut zu wissen!

Beziehung auf Distanz: Hält das Ihre Liebe aus?

Nicht immer ist es so, dass zwei Partner an einem Ort leben. Das Berufsleben fordert manchmal mehr Distanz, als einem Paar lieb ist. Ob eine Trennung auf Zeit für Ihre Beziehung gefährlich sein könnte, erfahren Sie hier.
Lesen Sie die folgenden 16 Aussagen sorgfältig durch und entscheiden Sie wohl überlegt, welchen davon Sie zustimmen.

Zum Schluss dürfen nur acht Aussagen angekreuzt sein.

	■	▲	●
1. Wenn einer von uns beiden wegziehen oder die Woche über in einer anderen Stadt arbeiten müsste, dann möchte ich es sein, der in die Welt hinauszieht.			
2. Unsere Basis ist die gemeinsame Wohnung. Ich bleibe lieber und halte die Stellung.			
3. Alle Zeit, die wir miteinander verbringen, ist leicht, fröhlich und unbeschwert.			
4. Es hat auch einen gewissen Reiz, mehr Zeit für mich zu haben.			
5. Ich glaube, es fällt mir leicht, treu zu bleiben. Bei meinem Partner/meiner Partnerin bin ich nicht sicher.			
6. Nur wenn die Beziehung in sich nicht stimmt, gibt es Grund, an der Treue zu zweifeln.			
7. Es würde mir schwer fallen auf regelmäßigen Sex zu verzichten.			
8. Sich seltener zu sehen, erhöht die erotische Anziehungskraft.			
9. Ich habe Angst vor dem Alleinsein.			
10. Alleinsein ist eine neue Erfahrung für mich. Ich bin gespannt wie es wird.			
11. Das Schöne an einer Beziehung ist doch, dass immer jemand da ist, wenn man ihn braucht.			

12. Finanzielle Sicherheit und berufliche Karriere sind mir wichtiger, als jeden Abend mit meinem Partner/meiner Partnerin zusammen zu sein.
13. Alleine würde ich mehr fernsehen als jetzt.
14. Alleine würde ich weniger fernsehen als jetzt.
15. Wer sich nicht so häufig sieht, lebt sich automatisch auseinander.
16. Wenn wir uns weniger sehen, wird die gemeinsame Zeit bestimmt intensiver genutzt.

■ ▲ ●

Auswertung & Interpretation

Haben Sie sich Ihre Antworten gut überlegt? Dann zählen Sie nun die Kreuze, die Sie beim Dreiecksymbol gemacht haben zusammen.

Ihr Ergebnis: Dreiecke

Wenig Zeit intensiv nutzen

Mehr als 5 Dreiecke

Sie sehen einer eventuellen Trennung auf Zeit entspannt entgegen. Gut so, denn für Sie sind solche veränderten Lebensumstände kein Zwang und keine Zumutung, sondern die Chance, neue Erfahrungen zu machen. Dank Ihrer positiven Einstellung wird die Partnerschaft durch die zeitweilige Trennung neue Impulse bekommen. Und: Die wenige Zeit mit dem Partner wird intensiver sein als zuvor.

Positives Denken erleichtert die Umstellung

Zwischen 3 und 5 Dreiecke

Eine Trennung auf Zeit oder eine Liebe auf Distanz wäre für Sie sicher nicht unproblematisch. Es würde ja zum Beispiel bedeuten, dass Sie nicht stets und immer einen Partner zur Verfügung haben. Jedes Kreuz, dass Sie bei einem Kreissymbol gemacht haben, weist Sie auf Schwachstellen hin, die der Grund für Ihre Unsicherheit sind. Versuchen Sie es positiv zu sehen – und konzentrieren Sie sich auf die Vorteile, die eine zeitweilige Trennung mit sich bringen kann.

Keine Angst vor Distanz

Weniger als 3 Dreiecke

Sich lange Zeit vom Partner trennen zu müssen, scheint Ihnen ein Ding der Unmöglichkeit. Sie können sich nicht vorstellen, auch nur zeitweise, allein zu sein. Das sind natürlich keine günstigen Voraussetzungen für eine Wochenendbeziehung oder Ähnliches. Sehen Sie sich die Aussagen bei den Dreiecksymbolen noch mal genau an und nehmen Sie sie als Denkanstoß für die Zukunft. Mit einer positiveren Einstellung kann auch Ihre Beziehung ein bisschen Distanz gut verkraften.

Extratipp:

Distance-Lovers

Liebe braucht Zeit, aber wie viel muss es denn sein? Wochenendbeziehungen müssen zwangsweise mit weniger Zeit auskommen als solche, wo sich die Partner jeden Tag sehen. Doch entscheidend sind nicht die Stunden, die man gemeinsam verbringt, sondern was man mit der gemeinsamen Zeit anzufangen weiß. Während permanent zusammenlebende Paare oft Zeit verschenken und mehr nebeneinander als miteinander leben, nutzen „Distance-Lovers" die wenige Zeit viel intensiver zur Beziehungspflege.

Frauentest

Weibchen oder Vamp: Sind Sie ein Luder?

Es gibt nichts, was Sie nicht kriegen, wenn Sie es nur wollen? Oder: Sind Sie zufrieden mit dem, was Sie haben? Dieser Test verrät, ob Sie mehr „Weibchen" oder „Vamp" sind.

Kreuzen Sie alle Aussagen an, die auf Sie zutreffen.

	ja	nein
1. Sie würden niemals auf die Kinder Ihrer Freundin aufpassen.		
2. Man ruft Sie an, um zu erfahren, wo in der Stadt was los ist.		
3. Sie haben immer eine Zahnbürste und ein Kondom in der Tasche.		
4. Schönheitsoperationen gehören einfach dazu.		
5. Sie gehen regelmäßig zur Kosmetikerin.		
6. Sie haben noch nie im Secondhandladen gekauft.		
7. „Eine verhängnisvolle Affäre" oder „Enthüllungen" gehören zu Ihren Lieblingsfilmen.		
8. Sie hatten schon einmal mehrere Affären parallel.		
9. Sie fahren immer schwarz und haben noch nie Strafe gezahlt.		
10. Sie bekommen beim Nobel-Italiener immer den besten Tisch.		
11. Wenn Sie an der Supermarktkasse zu viel Wechselgeld herauskriegen, stecken Sie es ein.		
12. Sie können sich ohne Spiegel die Wimpern tuschen.		
13. Sie haben Ihr Haustier nach einem Ex-Lover benannt.		
14. Sie finden die Geschichten anderer Frauen spannend.		
15. Wenn Sie eine Spinne sehen, holen Sie unverzüglich Hilfe.		
16. Sie gehen regelmäßig in den Ökoladen.		
17. Sie können Windeln wechseln.		
18. Sie kommen aus Prinzip immer zu spät.		

19. Sie denken an Sex, wenn Sie einem attraktiven Mann begegnen.
20. Sie haben schon einmal Ihre beste Freundin belogen.
21. Sie wohnen in einem Reihenhaus.
22. Eine Beziehung zu einem verheirateten Mann ist für Sie kein Problem.
23. Sie haben schon einmal einen Orgasmus vorgetäuscht.
24. Sie wünschen sich Kinder.
25. Sie bestellen immer ein Dessert.
26. Sie machen das beste Tiramisu in Ihrem Freundeskreis.
27. Rot ist Ihre Lieblingsfarbe.
28. Sie lachen laut.
29. In Ihrem Handy sind mehr Telefonnummern von Frauen als von Männern gespeichert.
30. Sie werden rot, wenn man Ihnen Komplimente macht.
31. Ihr Kühlschrank ist immer voll.
32. Sie gehen einmal im Monat in ein Fast-Food-Restaurant.
33. Sie können nicht kochen, aber eine französische Speisekarte lesen.
34. Sie rufen täglich Ihre Eltern an.
35. Seit dem Fall des Rabattgesetzes macht Einkaufen Spaß.
36. Sie haben schon einmal in einer Jugendherberge übernachtet.
37. Sie haben Aktien.
38. Sie würden gerne in einem romantischen Film mitspielen.

Auswertung & Interpretation

Übertragen Sie alle Aussagen, die Sie mit „ja" beantwortet haben, in diese Bewertungstabelle. „Nein"-Antworten zählen nicht. Zählen Sie alle Punkte zusammen und ziehen Sie die Minuspunkte (–) davon ab.

	1	2	3	4	5	6	7	8	9	10	11	12	13
ja	3	5	3	3	4	–5	4	3	6	3	3	6	3

	14	15	16	17	18	19	20	21	22	23	24	25	26
ja	-4	3	-5	-5	4	3	5	-4	4	3	-5	3	-4

	27	28	29	30	31	32	33	34	35	36	37	38
ja	5	3	-3	-4	-2	-1	4	-2	5	-4	5	-2

Ihr Ergebnis: Punkte, (+) – (–) = Punkte

Mehr als 50 Punkte

Aber hallo! Haben Sie nicht ein bisschen zu dick aufgetragen? Okay, das ist der ultimative Beweis, dass Sie mit allen Wassern gewaschen sind. Die Rolle als „Vamp" ist Ihnen wie auf den Leib geschneidert und das Prädikat „Luder" haben Sie sich redlich verdient. Schließlich haben Sie auch das bestmögliche Ergebnis erzielt!

Zwischen 49 und 29 Punkte

Sie kriegen, was Sie wollen – davon können alle Männer in Ihrem bisherigen Leben ein Lied singen. Ein Mann an Ihrer Seite hat es allerdings schwer. Es sei denn, er ist ein wahres Prachtexemplar. Und was anderes haben Sie nicht verdient!

Zwischen 28 und 8 Punkte

„Gute Mädchen kommen in den Himmel, böse überall hin" – das ist Ihr Lieblingsbuch. Doch die Umsetzung dieser gewagten Theorie ins reale Leben macht noch Probleme. Sie versuchen immer wieder ein „böses" Mädchen zu sein, doch im Grunde Ihres Herzens sind Sie sich nicht so sicher, ob das Ihr Weg ist. Am liebsten wären Sie beides: „Ein bisschen Weib, ein bisschen Vamp."

7 Punkte und weniger (incl. Minuspunkte)

Geben Sie es zu, Sie haben diesen Test nur gemacht, um sicher zu sein, dass Sie kein Luder sind? Ist völlig okay. Denn wo kämen wir denn hin, wenn jede Frau auch Vamp sein will? Sie unterscheiden sich von einem Luder so drastisch, wie Gesundheitssandalen von High Heels. Sie sind eine absolut liebenswerte Frau mit festen Grundsätzen – bleiben Sie, wie Sie sind!

Männertest

Macho oder Memme: Sind Sie ein ganzer Kerl?

Sie kriegen immer, was Sie wollen. Und was Sie wollen, das wissen Sie ganz genau. Gibt es ihn noch, den klassischen Macho? Ob Sie ein „ganzer Kerl" sind, erfahren Sie hier.

Kreuzen Sie alle Aussagen an, die auf Sie zutreffen. ja nein

1. Die Frauen finden Sie klasse. Sie sind ein Supertyp!
2. Frauen allein unterwegs sind Freiwild auf der Piste.
3. Sie haben immer ein Kondom in der Hosentasche.
4. Sie wissen, wie man eine Waschmaschine bedient.
5. In der Pubertät hatten Sie Akne.
6. Ein Motorrad ist besser als ein Golf-Cabrio.
7. Man ruft Sie an, um zu erfahren, wo in der Stadt was los ist.
8. Wenn sie im Supermarkt einkaufen geht, bleiben Sie im Auto sitzen.
9. Sie hatten schon einmal mehrere Affären parallel.
10. Sie können Windeln wechseln, wenn's sein muss.
11. Sie haben in Ihrer Stammkneipe immer einen reservierten Platz.
12. Sie nennen alle Frauen „Schätzchen".
13. Die Frauen halten Sie für charmant und intelligent.
14. Wenn Ihre Freundin alleine ausgeht, schalten Sie den Computer an.
15. Türsteher sind Ihre besten Freunde.
16. Sie verhandeln mit Ihrem Chef über eine Gehaltserhöhung.
17. Frauen, die Ihnen gefallen, sprechen Sie direkt an.
18. Wenn Sie länger als drei Wochen mit einer Frau zusammen sind, sprechen Sie von einer „festen Beziehung".
19. Im Urlaub bevorzugen Sie ruhige Strandhotels.
20. Das Beste am Fernsehen sind die Sportberichte.
21. Zu Ihren Festen kommen mehr Frauen als Männer.

ja | nein

22. Sie haben ein exotisches Haustier.
23. Ohne Moos ist nix los!
24. Sie wissen, wie die Lehrerin Ihrer Kinder heißt.
25. Klamottenkauf ist lästig.
26. Sie kennen die Sonderangebote im Supermarkt.
27. Richtig unterhalten kann man sich nur mit Männern.
28. Sie denken sofort an Sex, wenn Sie eine attraktive Frau sehen.
29. Sie glauben, männlicher Schweiß wirkt auf Frauen erotisch.
30. Sie wohnen in einem Reihenhaus.
31. Eine Beziehung zu einer verheirateten Frau ist für Sie kein Problem.
32. Sie können kochen.
33. In Ihrem Handy sind mehr Telefonnummern von Männern als von Frauen gespeichert.
34. Sie tragen am liebsten Cowboystiefel.
35. Sie haben eine tiefe, raue Stimme.
36. Sie rufen täglich Ihre Eltern an.
37. Sie haben einen Bausparvertrag.
38. Sie würden gern mal in einer Komödie mitspielen.

Auswertung & Interpretation

Übertragen Sie Ihre „ja"-Antworten in die Bewertungstabelle. „Nein"-Antworten zählen nicht. Zählen Sie alle Punkte zusammen und ziehen Sie die Minuspunkte (–) davon ab.

	1	2	3	4	5	6	7	8	9	10	11	12	13
ja	6	6	2	-3	-4	2	3	4	2	-3	1	6	1
	14	15	16	17	18	19	20	21	22	23	24	25	26
ja	2	2	1	2	6	-3	3	5	2	1	-5	2	-6
	27	28	29	30	31	32	33	34	35	36	37	38	
ja	3	4	4	-6	3	-6	-2	3	3	-5	-5	-4	

Ihr Ergebnis: (+) – (–) = Punkte

Macho, Macho!

Mehr als 50 Punkte

Wer das zu Ihnen sagt, macht Ihnen ein Kompliment. Sie wollen ein harter Kerl sein und geben sich alle Mühe, den Ansprüchen gerecht zu werden. Wenn's um Gefühle geht, zählen nur Ihre eigenen – und die spielen sich zumeist unterhalb der Gürtellinie ab. Gut, dass es immer noch Frauen gibt, die darauf stehen. Denn, was Sie für Selbstbewusstsein halten, sehen manche Frauen nur als aufgeblasenes Getue an.

Ein richtiger Kerl

Zwischen 49 und 30 Punkte

Sie kriegen immer, was Sie wollen. Die Frauen sind Wachs in Ihren Händen und Sie jonglieren mit weiblichen Gefühlen, wie andere mit Pingpong-Bällen. Doch wehe, wenn Sie mal an die „Richtige" geraten, dann ist nämlich ein flotter Rollentausch angesagt. Versuchen Sie doch etwas offener zu sein, dann gewinnen Sie auch dauerhafte Sympathien.

Möchte-gern-Macho

Zwischen 29 und 9 Punkte

Zwei Seelen wohnen da in Ihrer Brust: Einerseits kehren Sie gern den harten Kerl raus, andererseits wünschen Sie sich eine gleichberechtigte Partnerin, bei der Sie sich vielleicht auch mal fallen lassen können. Schon jetzt werden Sie zumeist als sympathischer Typ eingeschätzt, machen Sie diesen Eindruck nicht durch aufgesetztes Macho-Gehabe wieder zunichte.

Der neue Mann – ein ganzer Kerl

Weniger als 8 Punkte (incl. Minuspunkte)

Geben Sie es doch zu, Sie haben diesen Test nur gemacht, um sicher zu sein, dass Sie kein Macho sind? Das ist okay. Wo wäre die Welt heute, wenn jeder Typ ein Macho wäre. Dass Sie trotzdem ein ganzer Kerl sind, daran zweifeln die Damen in Ihrem Umfeld jedenfalls nicht. Und das ist doch genug – oder? Sie sind ein absolut liebenswerter Typ mit festen Grundsätzen – und für die meisten Frauen ein „ganzer Kerl".

Arbeiten, um zu leben oder leben, um zu arbeiten? Welches ist Ihre Lebensphilosophie? Finden Sie es auf den nächsten Seiten heraus! Spannende Tests verraten Ihnen mehr über verborgene Talente, heimliche Stärken und Ihre Position im Team.

Job & Karriere

Kriegen Sie wirklich, was Sie verdienen?

Wie wichtig ist Ihnen Ihr Job?

Beruf oder Berufung? Wie sehen Sie Ihren Job? Jeder Beruf erfordert Einsatz. Und jeder Erfolg setzt ein gewisses Maß an Ehrgeiz voraus. Wie Ihre Einstellung zum Job aussieht, können Sie hier abchecken. Vielleicht ist ja noch mehr drin, als Sie glauben.

Lesen Sie sich alle Fragen in Ruhe durch und entscheiden Sie sich jeweils für eine Antwort. Diese kreuzen Sie im Lösungsstreifen an.

1. Der Job, den ich zurzeit habe, ...

	+	+	+
... macht mir Spaß und füllt mich aus.	a		
... bringt auch vieles mit sich, was ich nicht so gerne mache.		c	
... ist in erster Linie eine Möglichkeit, gutes Geld zu verdienen.			d

2. Wenn der Arbeitsdruck steigt und die Stimmung gereizt ist, ...

	+	+	+
... schotte ich mich ab und versuche, mich nicht aus der Ruhe bringen zu lassen.	e		
... werde ich leicht nervös und kriege gar nichts mehr auf die Reihe.		d	
... versuche ich gemeinsam mit anderen zu klären, wie wir die Situation am besten meistern.			c
... ergreife ich die Initiative und sage den anderen, wie ich denke, dass sich das Problem lösen lässt.	b		

3. Im Vergleich zu meinen Kollegen ...

	+	+	+
... arbeite ich meistens schneller.	c		
... brauche ich für meine Arbeit mehr Ruhe und Zeit.		d	
... arbeite ich ebenso gründlich und zügig.			a
... arbeite ich gründlicher, dafür etwas langsamer.	e		

	+	+	+
4. Im Job macht mir am meisten Spaß ...			
... die Organisation.	b		
... Fachwissen einzusetzen.		d	
... die Verwaltung.			e
5. Ein erfolgreicher Arbeitstag zeichnet sich dadurch aus, dass ich abends sehe, was ich tagsüber getan habe.			
▶ stimmt	d		
▶ stimmt nicht		a	
6. Ich finde, im Team kommt man auf die besten Ideen.			
▶ trifft zu	b		
▶ trifft nicht zu		e	
7. Bei der Arbeit sollte man sich vor allem ...			
... auf sein Fachgebiet konzentrieren.	d		
... für möglichst viele Dinge interessieren, die die Firma insgesamt betreffen.		e	
... informieren, was in anderen Abteilungen abläuft.			b
8. Wenn andere mich kritisieren, ...			
... fühle ich mich persönlich angegriffen.	e		
... macht mir das nichts aus.		d	
... mag ich das nicht, nehme die Kritik jedoch an.			b
... versuche ich aus Fehlern zu lernen.	c		
9. Angenommen Sie diskutieren mit Kollegen über ein berufliches Problem und sind anderer Meinung als alle anderen. Was tun Sie?			
▶ Ich vertrete meine Meinung, auch wenn sie eine andere ist.	a		
▶ Ich halte mich zurück, weil man gegen Mehrheiten nicht ankommt.		d	
▶ Ich bin verunsichert, versuche aber trotzdem meine Meinung darzulegen.			e

	+	+	+
10. Meine Kollegen können sich besser durchsetzen als ich.			
▶ trifft zu	d		
▶ trifft nicht zu		a	
11. Ich sage grundsätzlich meine Meinung, auch auf die Gefahr hin, dass ich mich unbeliebt mache.			
▶ stimmt	b		
▶ stimmt nicht		c	
12. Wenn ich eine Entscheidung treffen soll,..			
... tue ich mich schwer.	c		
... wäge ich sorgfältig meine Entscheidung ab.		e	
... entschließe ich mich spontan.			a
... frage ich erst mal andere um Rat.	d		
13. Im Team legt man großen Wert auf meine Meinung ...			
▶ stimmt	a		
▶ stimmt nicht		d	
14. Bei beruflichen Problemen fragt man mich um Rat.			
▶ trifft zu	e		
▶ trifft nicht zu		b	
15. Ich organisiere öfter Unternehmungen für die Kollegen.			
▶ trifft zu	a		
▶ trifft nicht zu		c	
16. Wenn mir das Verhalten von Kollegen nicht passt, ...			
... spreche ich sie darauf an.	a		
... halte ich meinen Mund.		e	
17. Es fällt mir schwer, anderen etwas zu erklären.			
▶ stimmt	d		
▶ stimmt nicht		b	

18. Wenn ich der Chef wäre, würde ich auf keinen Fall ...

	+	+	+
... Entscheidungen ohne Rücksprache mit den Kollegen treffen.	c		
... alles laufen lassen und mich vor klaren Entscheidungen drücken.		e	
... alles selbst machen.			d
... die Kollegen ständig kontrollieren.	a		

19. Ein neuer Kollege schlägt vor, die Arbeit anders zu organisieren. Wie verhalten Sie sich?

	+	+	+
▶ Ich ignoriere den Vorschlag. Bewährtes sollte man nicht ummodeln.	d		
▶ Ich führe ein Gespräch, um mehr über die neuen Pläne zu erfahren.		a	
▶ Neuerungen sind grundsätzlich positiv, das sollte man unterstützen.			e

20. Am besten und erfolgreichsten arbeite ich allein.

	+	+	+
▶ trifft zu	d		
▶ trifft nicht zu		b	

21. Teambesprechung. Es dauert sehr lange, bis man sich geeinigt hat. Ihre Meinung dazu:

	+	+	+
▶ Solche Sitzungen sind ein notwendiges Übel.	c		
▶ Bei besserer Vorbereitung würde man schneller zu einem Ergebnis kommen.		a	
▶ Solche Endlossitzungen nerven.			d
▶ Auch wenn es nervt, ist es doch wichtig, Sachen auszudiskutieren.	e		

22. Kollegen treffen sich ab und zu privat – zum Abendessen oder auf einen Drink nach Feierabend. Gehen Sie mit?

+	+	+

- Ja, weil es für den Teamgeist wichtig ist. (b)
- Nein, der gemeinsame Arbeitstag genügt mir vollauf. (d)
- Gezwungenermaßen, man kann sich nicht ausschließen. (e)

23. Es wird Ihnen der Traumjob angeboten. Leider nicht vor Ort. Der Haken: Sie haben gerade eine neue Wohnung mit dem Partner/der Partnerin bezogen.

- Ich nehme den Job und versuche es mit einer Wochenendbeziehung. (b)
- Ich verzichte auf den Job, meine Beziehung ist mir wichtiger. (c)
- Wir treffen eine gemeinsame Entscheidung. (e)

Auflösung & Interpretation

Übertragen Sie Ihre Antworten in folgende Bewertungstabelle.

	1	2	3	4	5	6	7	8	9	10	11	12
a	5	–	5	–	5	–	–	–	5	5	–	5
b	–	5	–	5	–	5	5	5	–	–	5	–
c	1	1	1	–	–	–	–	1	–	–	1	1
d	1	1	1	1	1	–	1	1	1	1	–	1
e	–	1	1	1	–	1	1	1	1	–	–	1

	13	14	15	16	17	18	19	20	21	22	23	
a	5	–	5	5	–	5	5	–	5	–	–	
b	–	5	–	–	5	–	–	5	–	5	5	
c	–	–	1	–	–	1	–	–	1	–	1	
d	1	–	–	–	1	1	1	1	1	1	–	
e	–	1	–	1	–	1	1	–	1	1	1	

Ihre Punktzahl:

Sie wollen mehr als alles!

Mehr als 80 Punkte

Sie haben die nötige Portion Ehrgeiz, um viel zu erreichen und mit dem, was Sie augenblicklich tun, sind Sie bei weitem nicht ausgelastet. Das wissen Sie – und das wissen auch Ihre Vorgesetzten. Ehrgeiz kombiniert mit gesundem Selbstbewusstsein ist Ihr Geheimrezept. Dabei zählen Sie wahrscheinlich zu jenem Typus „Kollege", den man trotzdem gern mag. Sie bewahren in allen Situationen stets einen kühlen Kopf und profilieren sich nicht auf Kosten anderer. Zu kurz kommt dabei zwangsläufig das Privatleben. Lernen Sie Prioritäten zu setzen!

Sie haben Ihr Ziel fest im Visier!

Zwischen 55 und 79 Punkte

Sie wissen, was Sie wollen – und Sie werden es auch kriegen. Daran besteht kein Zweifel. Für manche Chefs und Kollegen sind Sie allerdings eine Spur zu ehrgeizig. Wenn sich angepeilte Ziele nicht auf die Schnelle erreichen lassen, werden Sie ungeduldig. Etwas mehr Gelassenheit und Toleranz gegenüber anderen wäre nicht schlecht. Wählen Sie langfristige Ziele, denn die ständige Jagd nach schnellen Erfolgen bringt Sie auf Dauer nicht wirklich voran. Die Teamarbeit sehen Sie insgesamt viel zu verbissen, etwas mehr Lässigkeit würde Ihre Teamposition stärken. Auch wenn's im Beruf manchmal hakt, im Privatleben stimmt's dafür. Zumeist kriegen Sie Beruf und Privates gut unter einen Hut.

Sie sind hin und her gerissen!

Zwischen 35 und 54 Punkte

Es fällt anderen schwer, sich ein einheitliches Bild von Ihnen zu machen. Mal sind Sie enthusiastisch und sprühen vor Ideen, dann wieder geben Sie den Zurückhaltenden/die Zurückhaltende, wirken lustlos und ohne Antrieb. Da wundert es kaum, dass Chefs und Kollegen nicht so recht wissen, wie sie Sie einordnen sollen. Ursache mag sein, dass Sie selbst noch nicht so genau wissen, wo Sie hinwollen. Hier ist Nachdenken angesagt. Legen Sie erreichbare Ziele fest und gehen Sie Konflikten nicht ständig aus dem Weg. Nur in einem konsequenten Miteinander liegt für Ihr berufliches Umfeld die Chance, Sie besser kennen und schätzen zu lernen. Das schwankende Verhalten spiegelt sich auch im Privatleben wider – Konflikte nicht ausgeschloseen.

Sie haben die richtige Balance zwischen Beruf und Privat!

Weniger als 34 Punkte

Für Sie haben Beruf und Privatleben den gleichen Stellenwert. Deshalb sind Sie auch zufrieden mit dem, was Sie erreicht haben. Im Job legen Sie großen Wert auf ein angenehmes Arbeitsklima und ein nettes Miteinander unter den Kollegen. Das ist Ihnen viel wichtiger als ehrgeizige Karriereambitionen. Leider führt es oft dazu, dass man Sie unterschätzt – was Ihnen aber keine Probleme bereitet. Hauptsache, die Mischung zwischen Privatleben und Berufsleben stimmt. Gut für Sie, aber auch schade, denn oft wäre für Sie beruflich noch mehr drin, als Sie glauben mögen.

Quicktest

Haben Sie eine kreative Ader?

Fantasie und Kreativität liegen nahe beieinander. Für viele Berufe braucht man diese Fähigkeiten, die so schwer zu erlernen sind. Ob Sie den gewissen kreativen Touch haben, erfahren Sie hier.
Tragen Sie Ihre Ergebnisse in den Lösungsstreifen ein.

+

1. **Eine Werbeagentur beauftragt Sie, Vorschläge für den Namen eines neuen Parfüms zu machen. Wie viele fallen Ihnen zu den vorgegebenen Anfangsbuchstaben ein?**

   Sie haben eine Minute Zeit. Notieren Sie die Namen und schreiben Sie die Anzahl der Titel in den Lösungsstreifen.

Na ...	Re ...	Ga ...	An ...	Om ...
Qu ...	Bi ...	Sa ...	Ya ...	Zo ...

2. **Betrachten Sie dieses Klecksbild. Wie viele Bilder und Figuren können Sie erkennen? Sie haben drei Minuten Zeit.**

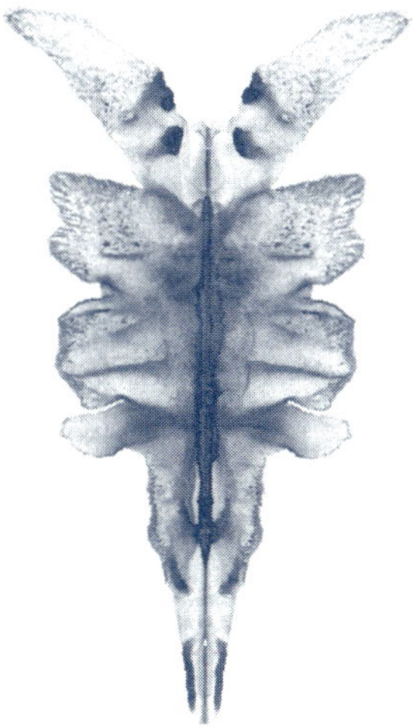

3. Schauen Sie sich dieses Bild eine Minute lang intensiv an. Was sehen Sie?

a) eine alte Frau
b) eine junge Frau
c) beides

Auswertung & Interpretation

Errechnen Sie Ihren Punktwert!

Punkte	4	3	2	1
1. Aufgabe	10 Titel	7 bis 9 Titel	4 bis 6 Titel	3 und weniger Titel
2. Aufgabe		mehr als 7 Motive	4 bis 6 Motive	3 Motive
3. Aufgabe		c		a + b

Ihr Ergebnis:	Punkte

Kreativität ist Ihre Stärke!

Mehr als 9 Punkte

Sie sprühen vor Kreativität und Fantasie. Sicher haben Sie auch einen Beruf, bei dem diese Fähigkeiten gefragt sind.

Machen Sie mehr aus Ihrem Talent!

5 bis 8 Punkte

Sie sind ganz eindeutig ein Mensch, der sehr kreativ und fantasiebegabt ist. Je höher Ihre Punktzahl, desto professioneller verstehen Sie es, dieses Talent Gewinn bringend einzusetzen. Für alle anderen gilt: Hier ist ein Talent, nutzen Sie es!

Lieber nüchtern als fantasievoll!

4 Punkte und weniger

Entweder man hat sie oder man hat sie nicht. Sie machen eindeutig das Beste daraus und besinnen sich auf Ihre Stärken. Zwar könnte ab und zu ein bisschen mehr Kreativität nicht schaden, aber Sie kommen auch ohne aus.

Quicktest

Sind Sie kontaktfreudig?

Der Umgang mit anderen liegt einem im Blut – oder man hat ihn gelernt. Wie kontaktfreudig Sie sind, können Sie hier herausfinden.

Ihre Bewertungen kreuzen Sie im Lösungsstreifen an.

1. Welcher Aussage würden sie am ehesten zustimmen?

a) Menschen tragen den Keim zum Bösen in sich.
b) Menschen sind nicht freundlich genug.
c) Menschen sind oft komisch.
d) Menschen sind interessant.
e) Menschen sind einfach toll.

2. Ein Mensch, der Ihnen am Herzen liegt, hat sich Ihnen gegenüber unmöglich verhalten. Wie reagieren Sie?

a) Ich sage, dass ich sauer bin.
b) Ich versuche, mit ihm darüber zu sprechen und die Sache zu bereinigen.
c) Ich warte ab, bis Gras über die Sache gewachsen ist.
d) Ich breche den Kontakt ab.

+	+	+
a		
	b	
		c
d		
	e	
a		
	b	
		c
d		

Auswertung 1. und 2. Frage

Errechnen Sie Ihren Punktwert!

Punkte	0	0,5	1	1,5	2
1. Frage	a	b	c	d	e
2. Frage	d	c	b		a

3. Was glauben Sie, wie andere Sie sehen?

a) Ist etwas zu verträumt.
b) Nimmt alles zu ernst und zu schwer.
c) Ist immer für einen Spaß zu haben.
d) Ist für alles offen und begeisterungsfähig.
e) Geht Probleme überlegt und sachlich an.
f) Hat nie Probleme.

stimmt | stimmt nicht

Auswertung 3. Frage

Übertragen Sie Ihre Einschätzung in diese Punktetabelle!

	a	b	c	d	e	f
stimmt	1	0	1	1	1	1
stimmt nicht	0	1	0	0	0	0

Ihr Gesamtergebnis: Punkte

Interpretation

Die Seele des Geschäfts.

Mehr als 8 Punkte

Menschen sind doch etwas Wunderbares. Das ist ganz deutlich Ihre Sicht der Dinge. Ohne Kontakt zu anderen würden Sie verkümmern, wie eine Blume ohne Wasser. Und das Schöne daran: Gerade deshalb mag man Sie.

Gesellige Typen sind gefragt.

4 bis 7 Punkte

Allein auf einer einsamen Insel? Nein, das wäre nichts für Sie. Je höher Ihre Punktzahl, desto mehr brauchen und genießen Sie den Kontakt zu anderen. Manchmal allerdings geht Ihnen zu viel Gemeinsinn auch auf den Nerv. Dann sind Sie nicht besonders feinfühlig.

Einzelgänger sind zielstrebig.

Weniger als 3 Punkte

Nun mal ehrlich, Sie könnten, zumindest für eine begrenzte Zeit, auch ganz gut ohne andere Menschen auskommen. Sie suchen sich Ihr Umfeld gut aus und gehen komplizierten Menschen lieber aus dem Weg. Ein ureigenes Misstrauen ist die Ursache, versuchen Sie es doch einfach mal wieder.

Extratipp:

Guter Auftritt

Wer auf andere Menschen positiv zugeht, dem sind Sympathien sicher. Checken Sie Ihr Persönlichkeitsprofil:

- *Prüfen Sie Ihre Wirkung auf andere! Statt sich von der guten Seite zu zeigen, konzentrieren sich die meisten von uns auf ihre Schwächen. Völlig falsch: Rücken Sie Ihre positiven Seiten ins rechte Licht.*
- *Achten Sie auf Ihr Äußeres! Das Erscheinungsbild beim ersten Eindruck ist wichtig. Achten Sie auf korrekte Kleidung und ein gepflegtes Äußeres.*
- *Lernen Sie den bewussten Umgang mit Körpersprache! Richtige Haltung, perfekte Mimik und souveräne Gestik bringen mehr als die beste Rhetorik.*
- *Seien Sie stets höflich! Klingt zwar altmodisch, ist jedoch immer noch die beste Methode Sympathien aufzubauen.*

Besitzen Sie Einfühlungsvermögen?

Der Umgang mit anderen erfordert ein hohes Maß an Feingefühl. Ob Sie diese Gabe haben, können Sie hier herausfinden!

Übertragen Sie Ihre Antworten in den Lösungsstreifen.

gefällt | gefällt nicht

1. **Schauen Sie sich diese Baumbilder an und entscheiden Sie spontan „gefällt" oder „gefällt nicht".**

a)

b)

c)

d)

e)
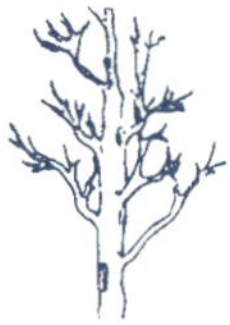

f)

g)

h)

i)

j)

k)

l)

2. Welche Aussagen treffen auf Sie zu? Kreuzen Sie „ja" oder „nein" an!

	ja	nein
a) Es fällt mir oft schwer, mich zu konzentrieren.		
b) Ich empfinde Stärken und Schwächen intensiver als andere Menschen.		
c) Ich habe Angst vor Schlangen.		
d) Es fällt mir schwer, vor anderen zu sprechen.		
e) Ich tue oft Dinge, die ich hinterher bereue.		
f) Niemand versteht mich wirklich.		
g) Ich spreche schneller, als ich denke.		
h) Wenn ich jemandem begegne, fällt es mir schwer, mit ihm ins Gespräch zu kommen.		

Auswertung & Interpretation

Errechnen Sie nun Ihre Punktzahl!

1. Aufgabe

	a	b	c	d	e	f
gefällt	0,5	0,5	0	0,5	0	0,5
gefällt nicht	0	0	0,5	0	0,5	0

	g	h	i	j	k	l
gefällt	0	0,5	0,5	0	0	0
gefällt nicht	0,5	0	0	0,5	0,5	0,5

2. Aufgabe

	a	b	c	d	e	f	g	h
ja	0	0,5	0	0	0	0	0	0
nein	0,5	0	0,5	0,5	0,5	0,5	0,5	0,5

Ihr Gesamtergebnis: Punkte

Mit viel Gefühl durchs Leben.

Mehr als 8 Punkte

Sie sind ein extrem einfühlsamer Mensch. Das wissen die meisten Menschen zu schätzen – doch manche nutzen es auch aus. Das Einfühlungsvermögen entwickelt sich manchmal zu einem zwiespältigen Gefühl, weil Sie sich vieles sehr zu Herzen nehmen. Sind Sie beispielsweise in einem sozialen Beruf tätig, so kommt Ihnen diese Eigenschaft aber sehr zugute.

Einfühlen statt mitfühlen.

5 bis 7 Punkte

Sie kennen den Unterschied ganz genau. Sie sind gut in der Lage, einfühlsam auf andere einzugehen, ohne Gefahr zu laufen sich selbst dabei zu verlieren. So wird Ihr Einfühlungsvermögen zu einer hervorragenden Eigenschaft, die Sie auszeichnet.

Ein bisschen mehr Gefühl, bitte!

Weniger als 4 Punkte

Mancher hat den Eindruck, Sie wären „gefühlsmäßig" ein Elefant im Porzellanladen. Durch besonders großes Einfühlungsvermögen zeichnen Sie sich in der Tat nicht aus. Aber vielleicht ist das nur das Resultat schlechter Erfahrungen, die Sie im Laufe Ihres Lebens gesammelt haben. Nehmen Sie etwas mehr Rücksicht und versuchen Sie, mehr auf andere Menschen einzugehen.

Test

Welche Rolle spielen Sie im Team?

Leitfigur oder Rebell? Graue Eminenz oder Everybodys Darling? Finden Sie heraus, welche Rolle Sie im Kollegenteam spielen.
Kreuzen Sie Ihre Antworten im Lösungsstreifen an.

1. Diese Frau kommt neu in Ihr Team. Was kann sie wohl besonders gut?

a) Sie kann andere motivieren.
b) Sie erfasst schnell, was die Situation erfordert.
c) Sie sorgt für eine gute Kommunikation.
d) Sie bringt neuen Schwung und Ideen.

a b c d

2. Der runde Tisch: Auf welchen Platz würden Sie sich bei einer Chefbesprechung setzen?

a)
b)
c)
d)

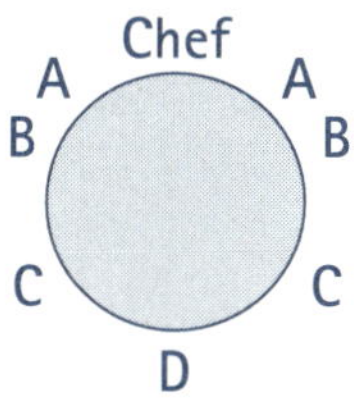

a b c d

3. Sie wollen eine Stellenanzeige formulieren. Mit welchen Eigenschaften beschreiben Sie sich selbst am besten?

a) entscheidungsfreudig – leistungsorientiert – urteilsfähig
b) Einfühlungsvermögen- belastbar – kontaktfähig
c) kooperativ – kreativ – verantwortungsbewusst
d) Eigeninitiative – engagiert – risikobereit

a b c d

4. Ihr Freund/ihre Freundin ist fix und fertig. Seine Partnerin/ihr Partner hat ihn (sie) wegen einem (einer) anderen verlassen. Was tun Sie, um ihn (sie) zu trösten?

a) Sie aktivieren den Freundeskreis und organisieren eine Art Notdienst. [a]
b) Sie organisieren spontan eine Party und laden viele attraktive Singles ein. [b]
c) Sie machen dem (der) Verlassenen klar, dass es sich nicht lohnt, so einer untreuen Seele eine Träne nachzuweinen. [c]
d) Sie rufen bei ihm (ihr) an und waschen ihm (ihr) den Kopf. [d]

5. Ihre Kollegen sind alle ganz nett, nur einer (eine) nervt Sie ganz gewaltig, weil ...

a) ... er (sie) immer sofort zum Chef rennt, wenn ein Problem auftaucht. [a]
b) ... er (sie) stur seinen Job macht und nie für eine Plauderei zu haben ist. [b]
c) ... er (sie) morgens immer schlecht gelaunt zur Arbeit kommt. [c]
d) ... er (sie) auf jegliche Kritik superempfindlich reagiert. [d]

6. Es werden Fotos für die Firmenzeitung ausgewählt. In welcher Situation möchten Sie am liebsten fotografiert werden?

a) bei einem Meeting des Teams [a]
b) mit anderen Kollegen bei der Arbeit [b]
c) auf einem Betriebsfest [c]
d) am Rednerpult [d]

7. Ihr Vorgesetzter neigt dazu, sämtliche Fehler auf Mitarbeiter abzuwälzen, die Lorbeeren aber selbst einzustreichen. Welche Lösung würden Sie vorschlagen?

a) Bei Erfolgen immer bestimmt auf den eigenen Anteil hinweisen. [a]

b) Die Sache hintenherum der Geschäftsleitung stecken.
c) Den Chef bei nächster Gelegenheit taktvoll korrigieren.
d) Ein Meeting aller Beteiligten organisieren und das Problem offen zur Sprache zu bringen.

8. Für die Wahl eines Arbeitsplatzes ist ausschlaggebend ...

a) ... die Position
b) ... die Aufgabe
c) ... das Betriebsklima
d) ... das Gehalt

	b	
		c
d		
a		
	b	
		c
d		
+	+	+

Auswertung & Interpretation

Zählen Sie zusammen, wie oft Sie in diesem Test a, b, c und d angekreuzt haben. Der Buchstabe, den Sie am häufigsten gewählt haben, entspricht am ehesten der Rolle, die Sie im Beruf spielen.

Der geniale Denker

Überwiegend a-Werte

Sie haben es nicht nötig, sich in den Vordergrund zu spielen. Sie wissen, was Sie können. Wenn's hektisch wird, behalten Sie einen kühlen Kopf und den Überblick. Bei so viel Weitsicht wundert es nicht, dass Sie manchmal den Blick fürs Detail verlieren. Den ungeliebten Kleinkram delegieren Sie geschickt an andere. Sie verstehen es, die Kollegen zu motivieren und erwarten automatisch, dass jeder sein Bestes gibt. Dass das allerdings – gemessen an Ihren Ansprüchen – nicht immer genug ist, führt manchmal zu Problemen. Bei dem Engagement sollten Sie nur das Zwischenmenschliche nicht aus dem Auge verlieren, ein kleines Lob oder ein Kompliment können da Wunder wirken.

Die graue Eminenz

Überwiegend b-Werte

Viel Tamtam brauchen Sie nicht. Als klassische „graue Eminenz" ziehen Sie Ihre Fäden lieber im Hintergrund. Ihnen genügt das Bewusstsein, dass ohne Sie nichts geht und das süße Gefühl

der heimlichen Macht. Sie sind sehr einfühlsam und haben die Gabe, leicht Kontakte zu knüpfen. Das ist nützlich, besonders, wenn es darum geht, andere für die eigenen Pläne zu begeistern. Sie kennen die betriebsinternen Abläufe sehr gut und wissen sie geschickt zum eigenen Vorteil zu nutzen. Ihr Handicap: Sie stehen nicht gern im Mittelpunkt und überlassen im Zweifelsfall lieber anderen die Lorbeeren, die eigentlich Ihnen gebühren. Eigentlich schade, denn mit etwas mehr Selbstbewusstsein wäre im Job sicher noch mehr drin.

Die gute Seele

Überwiegend c-Werte

Was wäre Ihr Team ohne Sie? Sie sind die Seele vom Geschäft und für menschliche Schwächen und Sorgen haben Sie stets ein offenes Ohr. Das bedeutet nicht, dass Sie in Ihrem Job nicht sachlich und kompetent sind, nur setzen Sie Ihre Prioritäten eben etwas anders. Ein gutes Betriebklima und ein entspanntes Kollegenteam ist Ihnen aber allemal wichtiger als Karriere und Spitzengehalt. Sie gelten als kooperativ und zuverlässig, sind allgemein beliebt. Aber Vorsicht: Mancher kann das als Schwäche auslegen und Sie karrieremäßig in den Hintergrund drängen. Stellen Sie Ihr Licht nicht unter den Scheffel – und zeigen Sie den nötigen Biss.

Das Zugpferd

Überwiegend d-Werte

Bravo, Sie halten den Laden in Schwung. Wo Sie auftauchen, weht ein frischer Wind. Ihre unerhörte Energie speist sich aus zwei Quellen: Zum einen durch einen ausgeprägten Gerechtigkeitssinn; zum anderen durch ihre schier umwerfende Spontaneität. Sie tragen Ihr Herz auf der Zunge und haben genügend Mut, Ihren Standpunkt zu vertreten. Leider wird diese Power von manchen Kollegen ausgenutzt. Wenn's brenzlig wird, sind Sie zumeist derjenige, der die Kastanien aus dem Feuer holen darf. Passen Sie auf: Lassen Sie sich nicht vor den falschen Karren spannen! Es wäre schade, wenn Sie mit Volldampf in die falsche Richtung abziehen.

Test

Zu viel Job, zu wenig Spaß: Ist Ihr Leben ausgeglichen?

Arbeit macht Freude. Stimmt. Überstunden gehören dazu. Manchmal. Das Privatleben kommt zu kurz? Überprüfen Sie die Balance zwischen Arbeit und Spaß!

Kreuzen Sie Ihre Antwort im Lösungsstreifen an.

1. Hand aufs Herz: Wie stehen Sie zu Ihrem Job?

a) Ich liebe ihn!
b) Er ist okay, vor allem verdient man Geld damit!
c) Ich weiß nicht recht. Neue Aufgaben könnten mich reizen.

2. Denken Sie in Ruhe nach. Was machen Sie am liebsten?

a) Schlafen, entspannen, auftanken.
b) Da fällt mir eine ganze Menge ein, mein Job gehört dazu.
c) Vieles ist mir wichtig, das meiste kommt allerdings zu kurz.

3. Wann haben Sie zum letzten Mal gemütlich mit Freunden zusammengesessen?

a) Ja, wann war denn das? Muss ich unbedingt nachholen.
b) Gestern. Da war ich mit Kollegen unterwegs.
c) Vor zwei Wochen – und schön war es.

4. Überstunden sind angesagt. Wie reagieren Sie darauf?

a) Ich sage zu Hause Bescheid, dass es länger dauert.
b) Ist doch kein Problem, wenn man mich braucht, bin ich da.
c) Wenn's nötig ist, bleibe ich da. Ich kann aber auch „Nein" sagen.

5. Wann haben Sie sich zuletzt aufs Sofa gelegt und gar nichts gemacht?

a) So was kann ich nicht, das ist vertane Zeit.
b) Ganz ehrlich? Das mach ich öfter.
c) Nur wenn ich ausgepowert bin, gönne ich mir ein faules Stündchen.

6. Wie verbringen Sie Ihre Mittagspause?

a) Nie am Schreibtisch, sondern zum Entspannen und gemütlich essen.
b) Die Mittagspause ist immer verplant, einkaufen, Arztbesuche.
c) Mittagspause? Fällt öfter aus, dafür gehe ich lieber früh nach Hause.

7. Was wird die Zukunft bringen? Wovon träumen Sie?

a) Ich weiß genau, wie meine Zukunft aussehen soll.
b) Ich habe Pläne, aber keine Träume. Dafür bin ich zu realistisch.
c) Es gibt nicht einen Traum, sondern viele. Die Prioritäten wechseln.

8. Sie haben sich ein Ziel gesetzt: Ihr Büro aufräumen, mit dem Rauchen aufhören etc. Wie lange dauert die Umsetzung?

a) Ich brauche Druck, dann funktioniert es sofort.
b) Ich muss entspannt sein, um etwas Wichtiges anzugehen.
c) Wenn ich mir etwas vornehme, setze ich es gleich in die Tat um.

9. Sie haben jede Menge zu tun. Da kommt der Chef mit einer zusätzlichen Aufgabe. Was tun Sie?

a) Ein bisschen schneller und ein bisschen länger arbeiten. Ich schaff das schon.
b) Ich erstelle eine Prioritätenliste und gehe systematisch vor.
c) Ich sehe es als Chance und gebe mein Bestes.

10. Von heute auf morgen nimmt man Ihnen Ihren Arbeitsbereich weg. Wie reagieren Sie darauf?

a) Wütend! Ich schaue mir die Stellenangebote in der Zeitung an.

b) Reagieren? Vielleicht kommt ja was Besseres nach.

c) Ich gehe zu meinem Vorgesetzten und bitte um ein Gespräch. Wenn es gute Gründe gibt, bin ich flexibel.

Auswertung & Interpretation

Für alle *hell-* und *dunkelblauen Felder*, die Sie gewählt haben, bekommen Sie jeweils 20 Punkte. Für alle *weißen Felder*, die Sie markiert haben, gibt es jeweils 10 Punkte.

hell- und dunkelblaue Felder:	**Punkte**
weiße Felder:	**Punkte**

Rechnen Sie nun blaue Punkte minus weiße Punkte.
Das Ergebnis kann im Plus- oder Minusbereich liegen.

Ihr Gesamtergebnis:	**Punkte**

200 bis 100 Punkte

Sie haben kein Problem damit, Beruf und Privates unter einen Hut zu bringen! Vielleicht war das nicht immer so und die heutige Zufriedenheit ist das Ergebnis leidvoller Erfahrung. Jedenfalls sind Sie auf dem richtigen Weg, Job und Privatleben in ausgewogener Balance zu halten.

90 bis 10 Punkte

Ihr Job ist Ihnen wichtig – keine Frage, aber das Privatleben mindestens ebenso. Die Balance zu halten ist eine ziemliche Gratwanderung. Und manchmal wissen Sie nicht so recht, wo genau die Grenze verläuft. Um allem gerecht zu werden, laufen Sie zumeist auf Hochtouren. Das kann auf Dauer gefährlich werden. (siehe Extratipp auf Seite 148 oben)

Extratipp:

Erkennen Sie die Warnsignale rechtzeitig! Sie sind auf dem besten Wege, sich zwischen den Mühlsteinen „Berufsstress“ und „Privatstress“ zermahlen zu lassen. Wahrscheinlich beschleicht Sie des Öfteren das Gefühl etwas zu verpassen. Schalten Sie einen Gang zurück – und denken Sie öfter mal an sich.

0 und alle Minuspunkte

Was wären Sie ohne Ihren Beruf? Diese Frage möchten Sie wahrscheinlich nicht beantworten. Und genau da liegt das Problem. Dass Ihr Privatleben zu kurz kommt, wissen Sie zwar, ignorieren es aber beharrlich und vertagen auf später. Wahrscheinlich nutzt man Ihre Bereitschaft im Job schamlos aus und schiebt Ihnen alles zu, was andere nicht machen wollen. Wehren Sie sich! Und das geht am besten, wenn Sie für eine Weile Ihrem Privatleben mehr Freiraum zugestehen. (Siehe Extratipp unten)

Extratipp:

Vorsicht, Burnout! Das Gefühl, unentbehrlich zu sein, birgt eine große Gefahr. Derweil Sie sich voll und ganz auf den Job konzentrieren, verlieren Sie den Rückhalt im Privatleben. Nehmen Sie ein Blatt Papier und unterteilen Sie es in verschiedenen Größen auf die unterschiedlichen Bereiche, die Ihr Leben bestimmen (Job, Familie, Hobbys usw.). Schauen Sie sich dieses Bild an und überlegen Sie, wie sich die Größenverhältnisse verschieben müssten, damit Sie zufrieden sind.

Test

Wären Sie ein guter Chef/eine gute Chefin?

Wer träumt nicht manchmal davon, selbst der Boss zu sein? Aber haben Sie auch das Zeug dazu? Dieser Test hilft weiter. Markieren Sie Ihre Antworten im Lösungsstreifen.

Stellen Sie sich vor, Sie sind der Chef von acht Mitarbeitern. Wie gehen Sie mit den unterschiedlichen Menschentypen um?

Kreuzen Sie Ihre Antworten im Lösungsstreifen an.

	+	+	+
1. Der Neinsager			
a) Ich lasse ihn selten zu Wort kommen.	a		
b) Ich empfehle ihm ein Buch über positives Denken.		b	
c) Ich widerlege seine Argumente.			c
2. Die ewig Positive			
a) Ich lasse sie oft zu Wort kommen.	a		
b) Ich übergebe ihr die Gesprächsleitung.		b	
c) Ich lobe ihre Argumente.			c
3. Der notorische Besserwisser			
a) Ich frage ihn öfter nach seiner Meinung.	a		
b) Ich fordere ihn auf, seine Argumente schriftlich vorzubringen.		b	
c) Ich verbitte mir Belehrungen.			c
4. Der Redselige			
a) Ich unterbreche ihn konsequent.	a		
b) Ich lege Redezeiten fest.		b	
c) Ich lasse ihn ausreden.			c

5. Die Schüchterne

a) Ich frage nach ihrer Meinung. a
b) Ich stelle gezielte Fragen. b
c) Ich ignoriere sie. c

6. Der Streitsüchtige

a) Ich frage, wer sonst noch seiner Meinung ist. a
b) Ich entziehe ihm das Wort. b
c) Ich versuche, ihn zu besänftigen. c

7. Der geistig Abwesende

a) Ich bitte um mehr Aufmerksamkeit. a
b) Ich erteile ihm das Wort. b
c) Ich lobe ironisch seine Zurückhaltung. c

8. Die Neugierige

a) Ich lehne Nachfragen als nebensächlich ab. a
b) Ich fordere andere auf, die Fragen zu beantworten. b
c) Ich ziehe sie vorher ins Vertrauen. c

9. Welcher Chefsessel gefällt ihnen am besten?

a) antik-verspielt a
b) funktionell-modern b
c) Designer-Möbel c

10. Welches Stichwort verbinden Sie mit dem Wort „Karriere"?

a) Ellenbogen a
b) Beziehungen b
c) Selbstbewusstsein c

11. Sie müssen ein umfangreiches Projekt schnell fertig stellen. Wann beginnen Sie mit der Arbeit?

a) Im letzten Augenblick. Unter Druck arbeite ich besser.
b) Ich erledige den Job am Wochenende und in Ruhe.
c) Ich plane langfristig und arbeite kontinuierlich daran.

12. Ich kann eine Arbeit nur dann beruhigt abgeben, ...

a) wenn ich sie schnell und konzentriert erledigt habe.
b) wenn ich sie gründlich durchgesehen habe.
c) wenn sie von einem Kollegen für gut befunden wurde.

Auswertung & Interpretation

Übertragen Sie Ihre Ergebnisse in folgende Tabelle!

	1	2	3	4	5	6	7	8	9	10	11	12
a	1	5	3	3	3	5	1	5	3	1	3	6
b	5	2	5	5	5	1	5	3	5	2	2	4
c	3	3	1	1	1	3	3	1	1	5	5	1

Ihr Ergebnis: Punkte

Der perfekte Chef/die perfekte Chefin

Mehr als 53 Punkte

Wollen Sie Karriere machen? Dann sind Sie auf dem richtigen Weg. Ihr Testergebnis zeigt deutlich, dass Sie genau das besitzen, was man landläufig „Führungsqualitäten" nennt. Neben Fachkompetenz und dem nötigen Selbstbewusstsein haben Sie das erforderliche Fingerspitzengefühl im Umgang mit Menschen. Ihre gute Menschenkenntnis hilft Ihnen, andere entsprechend Ihrer Neigungen und Fähigkeiten einzusetzen und zu motivieren. Und bei all dem sind Sie niemand, der andere für sich arbeiten lässt und selbst die Hände in den Schoß legt. Im Gegenteil: Ihr persönliches Engagement gibt anderen zusätzlichen Auftrieb.

Chef (Chefin) mit kleinen Schwächen

52 bis 32 Punkte

Ein bisschen mehr Rückgrat und Selbstbewusstsein könnten nicht schaden, wenn Sie eine führende Position anstreben. Zwar wären Sie bei Ihren Mitarbeitern durchaus beliebt und anerkannt, aber Ihre Schwächen könnten von gewissen Teammitgliedern ausgenutzt werden. Ihre Liebe zum Detail lässt Sie dazu neigen, sich an Nebensächlichkeiten aufzureiben. Vor allem das Delegieren fällt Ihnen höchstwahrscheinlich schwer.

Besser Stellvertreter(in) als Chef(in)

Weniger als 31 Punkte

Wären Sie selbst der Chef, dann würde Ihnen dieser Job oft ziemlich schwer fallen. Im Umgang mit anderen Menschen treffen Sie wahrscheinlich nicht immer den richtigen Ton und Ihr Führungsstil wäre von vielen „Wenn" und Aber" geprägt. Die Ursache liegt in Ihrer übergroßen Freundlichkeit und Kollegialität. Wenn alle Mitarbeiter Ihre Großzügigkeit zu schätzen wüssten, wäre alles perfekt. Doch weil es ideale Teams selten gibt, wird es wahrscheinlich immer einen geben, der Höflichkeit als Schwäche auslegt und versucht, Ihnen „beruflich" ein Bein zu stellen. Haben Sie Karriereambitionen, dann sollten Sie es zunächst als „Stellvertreter(in)" probieren. Denn was Ihnen noch fehlt, können Sie schließlich lernen.

Test

Haben Sie Organisationstalent?

Alles im Griff oder ständig unter Zeitdruck? Hier können Sie testen, wie gut Sie organisieren können.

Kreuzen Sie Ihre Antworten im Lösungsstreifen an.

ja | nein | manchmal

1. Könnte Ihnen das passieren: Sie wollen morgens die Zeitung aus dem Briefkasten holen, da fällt die Tür zu und Sie stehen im Bademantel im Treppenhaus ...
2. Wenn was schief läuft, können Sie über die eigenen Fehler lachen?
3. Verwenden Sie bei Gesprächen häufig Fremdwörter oder Fachausdrücke?
4. Gehen Sie auch mal unrasiert/ungeschminkt aus dem Haus?
5. Schieben Sie unangenehme Arbeiten gerne vor sich her?
6. Machen Sie auch mal Urlaub ohne zu wissen, wo Sie wann übernachten?
7. Finden Sie im Dunkeln den richtigen Schlüssel für die Haustüre, wenn Sie mehr als sechs Schlüssel am Bund haben?
8. Lassen Sie es sich gefallen, wenn sich jemand im Geschäft vordrängelt?
9. Bewahren Sie alles Mögliche auf, weil Sie denken, dass Sie es später einmal gebrauchen könnten?
10. Könnten Sie auch ohne Kalender auskommen?
11. Nehmen Sie einen Bleistift zur Hand. Versuchen Sie alle neun Punkte der Figur mit nur vier Linien (ohne den Stift abzusetzen) zu berühren!

12. Gespräch auf dem Golfplatz. Ihr Chef erklärt Ihnen folgenden Sachverhalt: „Sie kümmern sich heute um unsere drei wichtigsten Kunden. Das sind Herr A., Frau B. und Frau C. Fahren Sie mit ihnen im Golf-Caddy von Loch 8 zum Clubrestaurant. Denken Sie daran, dass Sie jeweils nur eine Person mitnehmen können. Aber bedenken Sie auch: Herr A. und Frau B. dürfen Sie auf keinen Fall miteinander alleine lassen, die beiden sind wie Hund und Katze. Außerdem kann Frau C. Frau B. auf den Tod nicht ausstehen, und auch diese beiden dürfen Sie auf keinen Fall miteinander allein lassen."
Wie lösen Sie das Transportproblem?

Auflösung & Interpretation

Übertragen Sie Ihre Antworten von 1. bis 10. in folgende Tabelle:

	1	2	3	4	5	6	7	8	9	10
ja	1	5	4	1	1	4	6	3	3	3
nein	5	1	1	5	5	1	1	1	5	5
manchmal	2	2	2	3	2	2	2	2	2	0

11. Für die richtige Lösung gibt es 5 Punkte.

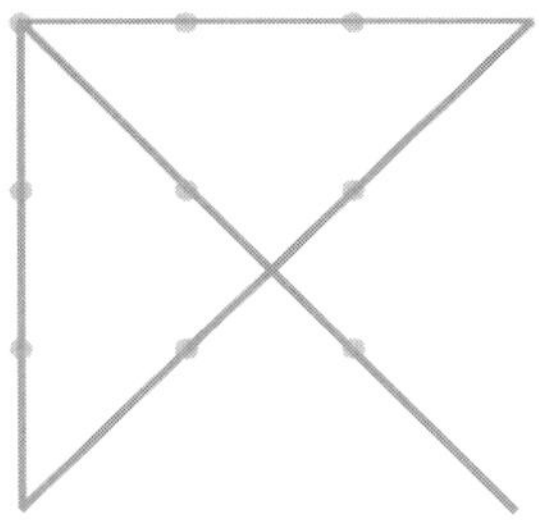

12. Zuerst fahren Sie mit Frau B. ins Restaurant. Auf der nächsten Tour holen Sie Frau C., nehmen aber auf der Rückfahrt Frau B. wieder mit zurück zum 8. Loch. (Sie erinnern sich: Frau B. und Frau C. können sich nicht leiden.) Nun transportieren Sie Herrn A. ins Clubrestaurant und überlassen ihn der Gesellschaft von Frau C. Mit der letzten Tour holen Sie nun Frau B. nochmals ab.
Für die richtige Lösung gibt es 10 Punkte.

Ihr Gesamtergebnis: Punkte

Einfach genial!

Mehr als 45 Punkte

Die Frage, ob Sie Organisationstalent besitzen, können Sie getrost mit „ja" beantworten. Planen und Organisieren sind ihre absoluten Stärken. Selbst schwierige Problemne, an denen sich andere die Zähne ausbeißen, bringen Sie fast spielerisch in den Griff. Sie besitzen die Eigenschaft, auch komplizierte Sachverhalte auf das Wesentliche zu reduzieren – und klare Lösungen anzubieten. Sie vermitteln anderen das Gefühl, bei Ihnen in sicheren Händen zu sein. Und selbst, wenn es mal eine Panne gibt, haben Sie garantiert schon eine Ersatzlösung parat – bevor die anderen überhaupt ahnen, dass etwas schief gelaufen sein könnte.

Immer mit der Ruhe!

Zwischen 25 und 44 Punkte

Mit Ruhe und Bedacht lösen Sie organisatorische Probleme. Ihre Stärke liegt darin, sich genügend Zeit zum Nachdenken zu verschaffen, um dann Ihre organisatorischen Fähigkeiten zu entfalten. Sie planen bis ins kleinste Detail und überlassen, soweit möglich, nichts dem Zufall. Schnelle Entscheidungen sind nicht Ihr Ding, dafür kann man sich auf Sie im Vorfeld voll und ganz verlassen. Wird's trotzdem mal hektisch, verlieren Sie kurzfristig den Überblick. Doch kehrt Ruhe ein, haben Sie das Problem sofort wieder im Griff.

Leicht chaotisch!

Weniger als 24 Punkte

Geben Sie es zu: Im Chaos fühlen Sie sich wohl! Dass das Organisieren nicht gerade zu Ihren Stärken zählt, wussten Sie wahrscheinlich ohnehin schon. Sie selbst beunruhigt das allerdings wenig, vielmehr sind es die anderen, die dadurch nervös werden. Planen und vorausschauend Denken sind nicht Ihre Sache. Sie neigen dazu, Unwichtiges mit Wichtigem zu verquicken und sich in Kleinkram zu verstricken. Trotzdem sind Sie in Sachen Organisation kein hoffnungsloser Fall: Übergibt man Ihnen nur ein einziges Problem zur Lösung, werden Sie das in jedem Fall perfekt meistern.

Extratipp:

Systematisch organisieren

Eher chaotisch als wohl organisiert? Vier Schritte führen trotzdem zum Erfolg:

1. Schritt: Werden Sie sich über die gestellte Aufgabe klar. Was ist das Ziel und was muss ich tun, um es zu erreichen? Können Sie diese Fragen nicht selbst beantworten, fragen Sie nach.

2. Schritt: Probleme rechtzeitig erkennen. Ist die Aufgabe klar umrissen, checken Sie sie auf Schwachstellen. Fragen sollten im Vorfeld geklärt werden.

3. Schritt: Die Planung ist der halbe Erfolg. Zerlegen Sie die Aufgabe in Detailabschnitte. So behalten Sie einen besseren Überblick und können sich Stück für Stück vorarbeiten. Wichtig dabei: Ein Zeitplan mit sinnvollem Nacheinander.

4. Schritt: Die Realisation. Von der detaillierten Planung bis zur Ausführung ist es nur noch ein kleiner Schritt. Stimmt die Vorbereitung, kann eigentlich nichts mehr schief gehen.

Benimmtest

Sicher auftreten im Job: Haben Sie das drauf?

Benimmregeln sind out? Nein, keineswegs. Im Gegenteil, denn gute Umgangsformen sind oft das gewisse Etwas, das Erfolg erst möglich macht. Ob Sie richtig reagieren würden, erfahren Sie hier.

Notieren Sie Ihre Entscheidungen im Lösungsstreifen.

+ + +

1. Szene

Eine Bekannte von Ihnen hat vor kurzem den Job in der Telefonzentrale einer großen Firma übernommen. Sie fragt Sie um Rat bei folgendem Problem: Was soll sie sagen, wenn sie dem Chef oder einem Mitarbeiter ausrichten soll, das dessen Frau angerufen hat?

a) Ihre Frau ... a

b) Ihre Gattin ... b

c) Frau soundso ... hat angerufen? c

2. Szene

Zwei Männer und zwei Frauen warten vor dem Fahrstuhl. Natürlich lassen die Herren die Damen zuerst einsteigen. Aber wie vermeidet man Drängelei beim Aussteigen?

a) Echte Kavaliere lassen die Damen zuerst aussteigen, der Drängelei zum Trotz. a

b) Die Männer, die an der Tür stehen, steigen zuerst aus. b

c) Die Männer bitten die Damen um Erlaubnis zuerst auszusteigen. c

3. Szene

Sie sind neu in der Firma und werden vom Personalleiter zu Ihrem künftigen Chef begleitet. Sie betreten zuerst das Zimmer. Wie funktioniert es mit dem Vorstellen jetzt richtig?

a) Sie begrüßen Ihren künftigen Vorgesetzten und reichen ihm die Hand. Dann stellt er sich vor.
b) Sie geben ihm die Hand, warten aber höflich, sodass er sich zuerst vorstellen kann.
c) Sie warten ab, bis der Personalleiter Sie vorstellt. Den Namen Ihres Chefs kennen Sie ja bereits.

4. Szene

Sie möchten einem Kollegen (einer Kollegin) das „Du" anbieten. Gibt es eine Benimm-Regel, die das verbietet?

a) Nein, denn über dieses freundliche Angebot wird jeder sich freuen.
b) Ja, Sie sollten vor diesem Schritt das Terrain sondieren, damit Sie keine Abfuhr erhalten.
c) Nein, Sie können es versuchen, müssen aber mit einem eventuellen „Nein" rechnen.

5. Szene

Ihr Chef ist eine Frau und bekommt häufiger männlichen Kundenbesuch. Sie werden spontan gebeten, einen Kaffee zu bringen. Wen bedienen Sie zuerst?

a) Die Chefin (weil Dame)
b) Den Kunden (weil Gast)
c) Sie arrangieren die Kaffeetassen in der Tischmitte und jeder bedient sich selbst.

6. Szene

Sie treffen einen Kollegen aus einer anderen Abteilung auf der Straße. Er grüßt Sie herzlich, Sie können sich nicht mehr an seinen Namen erinnern. Wie lösen Sie dieses Problem?

a) Sie sagen freundlich „Guten Tag" und fangen das Gespräch so an, dass es Klärung bringt.
b) Sie bitten um Entschuldigung und geben ehrlich zu, dass Ihnen der Name entfallen ist.
c) Sie sagen „Guten Tag, ähhh ..." und hoffen, dass der Kollege Ihnen aus der Patsche hilft.

Auflösung & Interpretation

1. Szene: Antwort a ist zu empfehlen. b klingt zu gestelzt und c schafft unnötige Distanz.
2. Szene: b ist die korrekte Lösung des Aufzugproblems.
3. Szene: c ist die richtige Antwort, denn schließlich hat genau aus diesem Grund der Personalleiter Sie begleitet.
4. Szene: Nicht alle empfinden das „Du" als eine positive Teamentwicklung und bleiben im Job lieber auf Distanz. c ist richtig, denn einen Versuch kann man wagen, man darf nur nicht beleidigt sein, wenn man auf Ablehnung stößt.
5. Szene: b wäre richtig, denn der Gast hat immer Vorrang, gleich welchen Geschlechts.
6. Szene: a und b sind die richtigen Lösungen. Ehrlichkeit suggeriert Mut und das kommt immer gut an.

Alles richtig?

Für Sie ist sicheres Auftreten kein Problem. Offensichtlich tun Sie instinktiv immer das Richtige. Vorteile sind Ihnen gewiss.

Die Hälfte richtig?

Immerhin sind Sie auf dem richtigen Weg. Überlegen Sie in kniffligen Situationen gut, bevor Sie unüberlegt handeln.

Immer daneben?

Die Abteilung „Fettnäpfchen" ist Ihr Spezialgebiet. Vielleicht wäre ein „Benimm-Kurs" keine schlechte Idee, wenn Sie auf diesem Gebiet mehr Sicherheit erlangen wollen.

Der Text dieses Buches entspricht den Regeln der neuen deutschen Rechtschreibung.

ISBN 3 8094 1255 4

Umschlaggestaltung: Heinz Kraxenberger, München
Fotos: Photodisc
Zeichnungen: S. 144: Niklas und Lisa Herrmann; S. 40/41: Stefanie Teusen;
alle übrigen: FROMM MediaDesign GmbH, Selters/Ts.
Layout: Präsentationsdesign, Wiesbaden
Redaktion: Sylvia Winnewisser, Wiesbaden
Herstellung: FROMM MediaDesign GmbH, Selters/Ts., Eva Kumar

Satz: FROMM MediaDesign GmbH, Selters/Ts.
Druck: GGP Media, Pößneck

817 2635 4453 6271